U0644610

精益制造005

生产现场最优分析法

图解生产实务

図解でわかる生産の実務
生産現場の改善手法

[日]想田丰太郎 著　　甘菁菁 译

人民东方出版传媒
People's Oriental Publishing & Media
東方出版社
The Oriental Press

图书在版编目（CIP）数据

生产现场最优分析法/（日）想田丰太郎 著；甘菁菁 译. —北京：东方出版社，2011
（精益制造）
ISBN 978-7-5060-4260-4

Ⅰ.①生… Ⅱ.①想… ②甘… Ⅲ.①制造工业—工业企业管理：生产管理—最优分析
Ⅳ.①F407.406.2

中国版本图书馆 CIP 数据核字（2011）第 149771 号

生产现场最优分析法
（SHENGCHAN XIANCHANG ZUIYOU FENXIFA）

作　　者：［日］想田丰太郎
译　　者：甘菁菁
责任编辑：崔雁行　高琛倩
出　　版：东方出版社
发　　行：人民东方出版传媒有限公司
地　　址：北京市西城区北三环中路 6 号
邮　　编：100120
印　　刷：北京文昌阁彩色印刷有限责任公司
版　　次：2011 年 8 月第 1 版
印　　次：2021 年 2 月第 8 次印刷
开　　本：880 毫米×1230 毫米　1/32
印　　张：8.875
字　　数：157 千字
书　　号：ISBN 978-7-5060-4260-4
定　　价：32.00 元
发行电话：（010）85924663　85924644　85924641

目录

C　设备分析方法　093

139 D 作业、事务分析

E 人性、小团体分析方法 195

前言

我希望这本书能成为在生产现场进行改善工作的负责人的随身参考书，怀着这样的愿望，笔者总结编写了这本方法集。

虽说是方法，具体来说本书应该是分析方法。因此，在将书名定为改善方法的时候笔者还是有些许的犹豫，但是要达到改善的目的就必须使用分析方法，因此从这个意思上来说还是准确的。

改善如果一开始就有问题，那么分析方法就会将问题表面化。分析方法可能听上去很复杂，但从古至今有很多把握和评价现场问题的方法，大部分方法只要熟悉了，任何人都可以灵活运用。本书所展现的就是这样既便利又有效的方法。当然也就不存在只有特定的专家才能运用的方法了。

本书所涉及的分析方法达到 113 项。 当然读者没有必要了解所有的方法，但笔者参考了最近制造业中出现的新问题，根据不同的改善对象，将分析方法进行分类，希望读者提起某个题目时，能想起相应的方法。 笔者就是基于此种想法，对方法进行了筛选。 这些是在任何制造业中都适用于现场的定式方法。 笔者想强调的就是这些虽古老但不过时的方法，所以着重描写了这些有价值方法。

除部分内容之外，书中的所有方法都是用两页篇幅进行了简洁的说明，在展示定义的同时也附带其用途。类似于本书这样的方法集，经常会有“如果是那个问题就采取这种方法进行调查，拿这些数据试试看”等类似的内容，因此在协调目的和方法的时候会很方便。 在现场选择合适的方法至关重要，从这一点上可以说，笔者希望读者能够利用这本书增强现场的掌控能力。

提起现场能力，笔者最近耳闻，有些在现场进行现状分析的人甚至连定式分析方法都不知道。 普通的读者对此也许会感到意外，也许会有类似这样的反问：日本不是有 TQC 全面质量管理吗？ 在小团体活动中解决问题不是日本人最拿手的吗？

的确，在日本像全面质量管理这样的看门绝技至今还在发挥着作用，但是笔者所担心的是现场综合能力的不断衰退。例如，通过不断定量化切实把握问题的这些方法在解决新问题的过程中都是必需的。但是从目前日本的现场情况来看，这种能力可以说是在不断衰退。

分析和评价问题的方法是支撑现场能力最基础的东西，这种能力一旦下降，制造业就会逐渐空洞化。为了避免出现上述情况，本书如果能为改善负责人或者现场小团体的基础数据库起到一些作用的话，笔者就会感到十分荣幸了。

在编写这本书的时候，笔者多年积累的文献做了很大的贡献。在项目解说的末尾标上了“参考文献”的部分是原封不动地参考原书内容，而引用转载的文献则都注明了“出典”。借此场合，我想对能够受惠于先人们的智慧表示由衷的感谢。

读者朋友们也可以参考这些文献资料，但是正如各位所看到的，其中有一部分为古籍文献。因为这些资料多年来已为笔者所熟悉（在卷末的参考文献一栏中也列举了少数这类的书）。另外，在最近的同类书籍中应该不会发现此类资料，因为，之中的有些书已经是绝版书籍，读者朋友们很难买到。就此笔者想向读者们致歉，同时也拜托读者朋友们找寻最新、更好的参考书。

近来，大肆宣传舶来品方法正在成为一种风潮，但这对于至今仍受惠于古老书籍的笔者来说实在是难以理解。运用了 IT 技术的舶来方法最终由于粗糙草率而不能转化为生产成果的例子并不少见。我们首先还是应该坚实自己的基础。为此，我们不妨再仔细领悟这些古老但韵味无穷的方法。实际上，这次笔者在为本书选择方法时，也加强了“温故而知新”的感受。

想田丰太郎

2002 年 5 月

A　产品、质量分析方法

A-01　箭头图法

定义　通过 PERT、CPM 中用于制定日程计划的网络图，构建最优日程计划，实现高效地管理进度的方法。将管理方法 PERT 视为新 QC 七大方法之一而归纳出的方法。新 QC 七大方法之一。

用途　1. 制定目标管理过程中的实施计划　2. 制定以技术开发为主题的实施计划　3. 预测系统运行中的重大事故并制定相应对策　4. 针对生产工序中的不良情况制定对策　5. 拟定并选择谈判过程中的对策

解说

1. PERT/CPM

（1） PERT（Program Evaluation and Review Technique）

特别针对大型工程项目的日程安排、管理而使用的网状图。

（2）CPM（Critical Path Method）

在 PERT 中寻求日程安排成本最低化的方法。 内容与 PERT 大致相同。

2. 箭头图的绘制方法

（1） 符号说明

○ 结合点（活动）：如作业起点与终点的结合点，与其他作业的结合点

➡ 箭形线（项目）：需要花费时间的作业

┈ 虚线：表示作业间的相互联系，不需要花费时间的要素

— 关键途径（粗线）：表示没有富余时间的作业间的联系表示进行到该项作业所需的合计时间。

（2） 箭头图实例（家庭建筑，参见下页图）

补充说明：

1. 外墙精整作业在备用品安装前完工即可，因此有 47-20=27 天的富余时间。

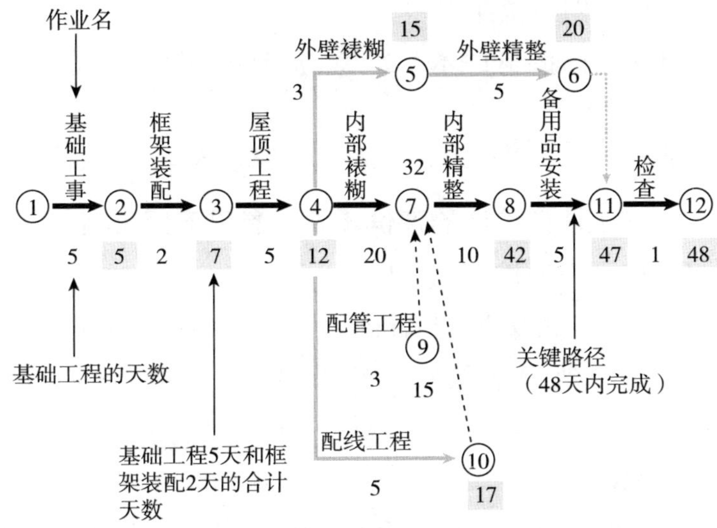

2. 同理，配管工程和配线工程分别有 17 天和 15 天的富余时间。因此可利用富余时间延期动工。

3. 若要缩短工期，则必须缩短关键路径的作业天数。

4. 在实际运用中该方法多与甘特表①合用。

A-02 加工性评价法

定义 为设计出更易加工的产品，在设计阶段对产品的加工性进行评价的方法。该方法由日立制作所研究

① 甘特表：横轴表示时间，竖轴表示作业的工程进度管理表。

开发，并有相关软件出售。

用途　1. 降低成本　2. 提高设计效率

解说

1. 加工性评价法的评价步骤（参见下页表格）

2. 加工性评价法的应用

加工性评价法若与装配性评价法、生产率设计评价法配套使用效果更佳。 实际运用过程中需购入这种软件。

参考文献

日经机械增刊《机械设计技术》，日立制造性评价法（装配性评价法、加工性评价法），日经 BP 社

A-03　管制图

定义　将长度、重量、面积、温度、时间等连续可测定的数据按时间顺序进行排列，同时附带作为异常情况判断标准的管制界限。 QC 七大方法之一。

用途　1. 判断工序中是否有异常情况发生　2. 警报不良情况　3. 维持工序的正常状态　4. 针对生产工序中的不良情况制定对策　5. 解决小团体活动主题、保证质量

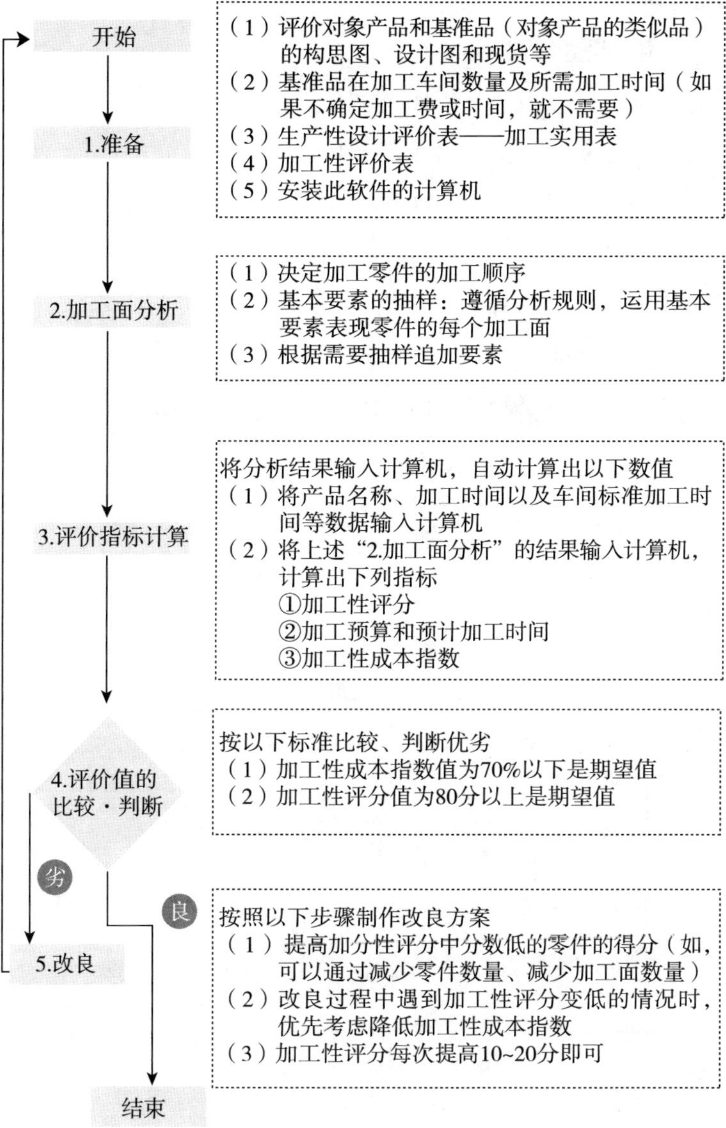
开始
1.准备
（1）评价对象产品和基准品（对象产品的类似品）的构思图、设计图和现货等
（2）基准品在加工车间数量及所需加工时间（如果不确定加工费或时间，就不需要）
（3）生产性设计评价表——加工实用表
（4）加工性评价表
（5）安装此软件的计算机
2.加工面分析
（1）决定加工零件的加工顺序
（2）基本要素的抽样：遵循分析规则，运用基本要素表现零件的每个加工面
（3）根据需要抽样追加要素
3.评价指标计算
将分析结果输入计算机，自动计算出以下数值
（1）将产品名称、加工时间以及车间标准加工时间等数据输入计算机
（2）将上述“2.加工面分析”的结果输入计算机，计算出下列指标
①加工性评分
②加工预算和预计加工时间
③加工性成本指数
4.评价值的比较・判断
按以下标准比较、判断优劣
（1）加工性成本指数值为70%以下是期望值
（2）加工性评分值为80分以上是期望值
劣
良
5.改良
按照以下步骤制作改良方案
（1）提高加分性评分中分数低的零件的得分（如，可以通过减少零件数量、减少加工面数量）
（2）改良过程中遇到加工性评分变低的情况时，优先考虑降低加工性成本指数
（3）加工性评分每次提高10~20分即可
结束

解说

1. 管制图分类

围绕生产现场中使用范围最广的管制图进行说明。

（1）$\overline{X}$ -R（Xbar R）管制图

该种管制图将收集到的每日、每批次的数据制作成群，再将群的平均值（$\overline{X}$）和群数据的浮动幅度（R）绘制成数据点。 适用于把握工序情况。

（2）X 管制图（参见下图）

该种管制图在每次管制单个数据的情况下，或者由于数据少，时间上不允许归纳更多数据，或者无法将数据分成合适群的情况下使用。

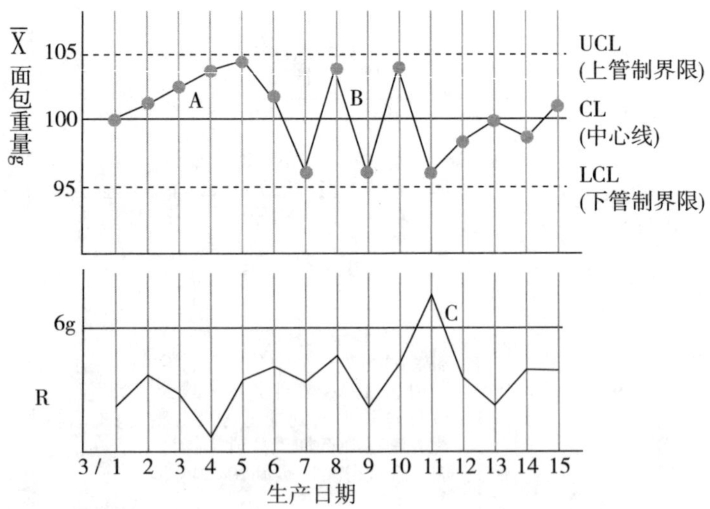

2. 管制图绘制实例

（1）$\overline{X}$ –R（Xbar R）管制图（参见上页图）

面包重量管制　重量规格 100g±5g　检查数 5 个／天浮动范围 6g 以内

将每 5 个检查数的平均值绘制成数据点

管制图的查看方法（管制图的目的是为了避免偏离管制界限而事先采取管制措施，并不是在偏离管制界限之后再采取对策）：

如 A 所示当出现逐渐接近管制界限的情况时，须在超过界限前采取对策。

如 B 所示当出现周期性、大幅度浮动的情况时，在时间序列上展开层别分析即可找出原因。

如 C 所示当出现超过管制界限的情况时，须立即采取对策返回界限内，对策内容也需记录至管制图中。

（2）X 管制图（参见下图）

变电所中电压为 100V 的电压管制图每两个小时测量一次（24 小时生产）

规格 100V±2V

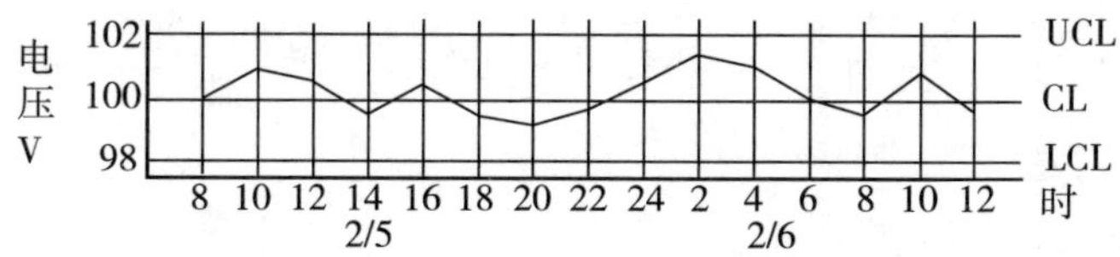

A-04 关联树法

定义 首先设定一个目标，将要实现这个目标所需的要素分成不同层次并建立一个系统，清楚直观地表示各层次中各要素和目标之间的关系，以期实现更高效的决策。统计图的一种。新 QC 七大方法之一。

用途 1. 趋势预测 2. 技术预测 3. 开发计划 4. 长期经营计划 5. 在统一主题下目标、方法系统化

解说

1. 绘制步骤

（1）确定主题，以该主题为目标研究出若干种方法。

（2）再以上述方法为目标研究新的方法。

（3）接着不断重复目标→方法（目标）→方法（目标）→方法（目标）的过程，直至不再出现新的方法。

（4）关联树法若与 BS 法、KJ 法合用更容易研究出多个方案。但由于其结构不够紧凑，也可以一个人只用一种方法认真思考。

2. 关联树法的绘制实例（节选部分）（参照下图）

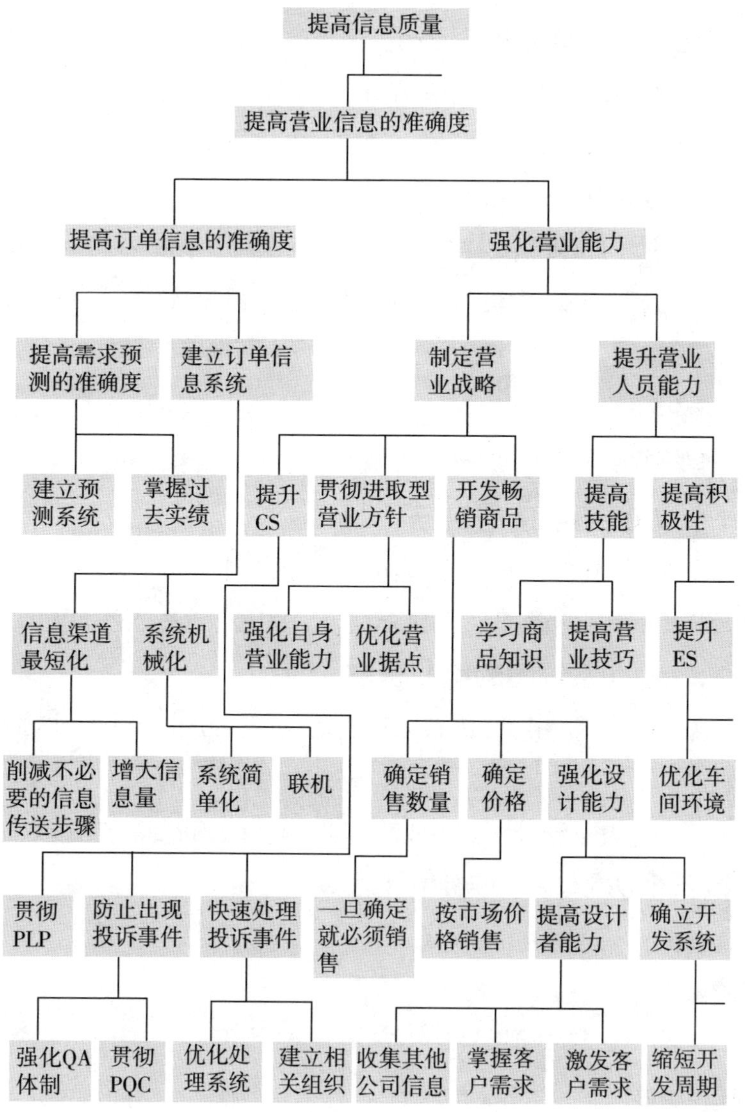

A-05　功能系统图分析

定义　连接分析对象的每个功能，并将这种关联用图表示的活动称作功能系统化。 功能关联规律中，存在基于目标—方法规律而连接各功能的功能系统图和基于Why—How 规律的 Fast 图两种。

用途　1. 分析新产品、新服务的“功能”　2. 分析各种分析对象的功能　3. 产品 VE　4. 保证产品开发设计阶段的质量　5. 提升企业经营质量

解说

1. 功能系统图的目标

为实现事先设定或已达成共识的目标，运用分析方法从目的、意图、动机、功能等方面分析人类及人类活动。

2. 功能系统图的绘制步骤

（1）功能卡片化：将已定义的功能转记到功能卡上。

（2）功能连接：找出每张功能卡上的目标功能，并连接各个功能。

（3）确认功能系统图：确认功能系统是否符合规律。

（4）设定限制条件：按要求规范设定与功能系统图中各功能相对应的限制条件。

3. 功能系统图实例（掌上灯）（参照下图）

限制条件

①使用环境：雨天也能使用

②特点：固定灯体照射

③可操作性：女性和儿童也能简单操作

④尺寸：七星香烟（日本香烟名）长度

⑤产品重量：100g 以下

⑥设计新颖，能够吸引女性和儿童

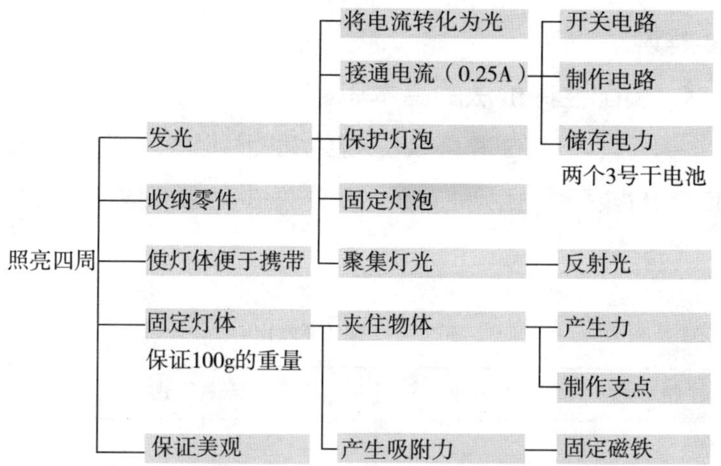

（资料来源：《功能分析》，秋山兼夫著，日本规格协会出版）

在功能系统图中，靠近左侧的功能称作上位功能，靠近右侧的功能称作下位功能。功能系统图中最左侧的功能称作分析对象的基本功能。基本功能右侧的功能则全部为二次功能。在功能分析的过程中，通常会将第二级功能作为最终目标，将其集中归纳至功能范围内。功能的限制条件注明在限制功能的上方。

A-06　装配性评价法

定义　为设计出更易装配的产品，在设计阶段对产品的装配性进行评价的方法。该方法由日立制作所研究开发，并有相应的计算机软件出售。

用途　1. 降低成本　2. 提高设计效率

解说

1. 装配性评价法的基本思路

将所有零件的垂直装配视为理想状态，若是垂直装配以外的装配方式则扣分，扣分最少的装配方式则为最佳方式。

扣分动作表（部分）

符号	扣分	装配要素动作
↓	0	自上向下移动
⇄	20	水平移动
↖	30	自下向上斜向移动
↻	30	旋转移动
f	20	到下次作业都仅保持同一种动作
F	40	两次以上的固定、矫正作业
S	30	锡焊、铜焊连接

2. 装配性评价法的评价步骤

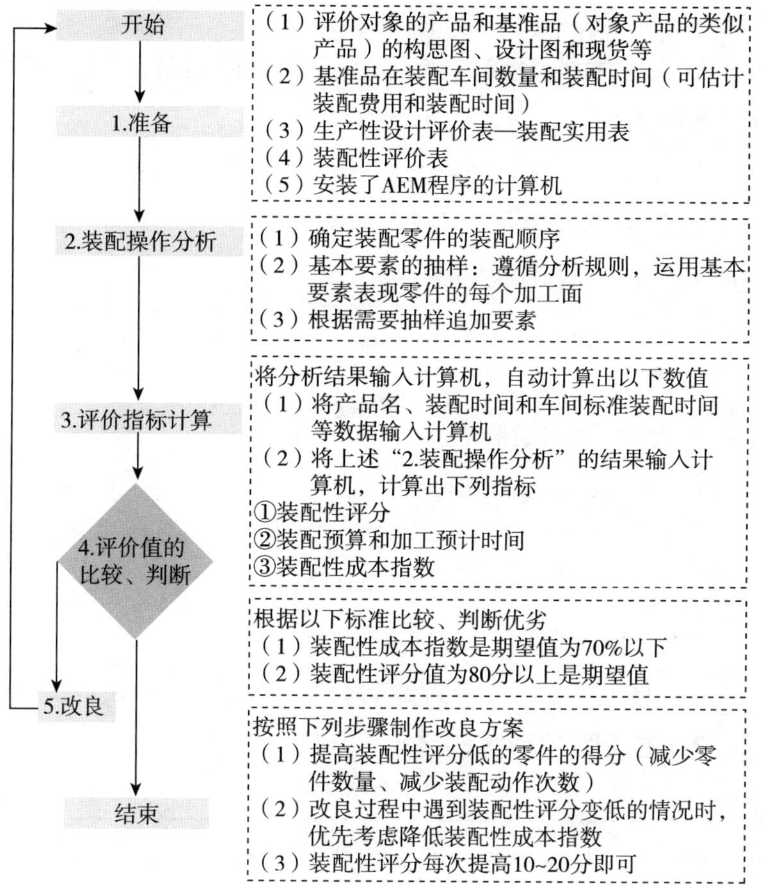

参考文献

日经机械增刊《机械设计技术》，日立制造性评价法（装配性评价法、加工性评价法），日经 BP 社

A-07　统计图

定义　为能够清楚直观地了解实际情况，用图表表示收集的数据。 QC 七大方法之一。

用途　1. 通过分析过去的数据，找出原因　2. 发现日常管理中的异常情况　3. 制定各种计划　4. 管理小团体活动的计划，解决问题

解说

1. 统计图的绘制要点

（1）结合目标制作

明确对数据的理解程度，并与此相结合绘制成统计图。

（2）直观生动

通过使用木偶表示人数等技巧，激发读者兴趣。

2. 主要图解种类和特点

名称	内容、特点
柱形图 A B C D	用柱状图形的高度比较多个数量的相关信息。柱状图形的宽度适中。柏拉图就是其中之一。一个单位长度中若使用了表示内容特点的图画则称这种图为图片图表。有横竖两种柱形图,其中竖形图较为常见。

（续表）

名称	内容、特点
矩形图 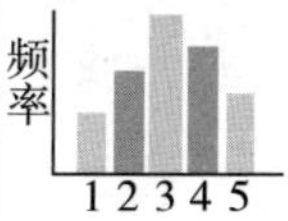 频率 1 2 3 4 5	将测试值的范围划分成若干区间，以各区间为底边，用相应比例面积的柱状（长方形）排列表示属于该区间测试值的出现频率。可以直观地观察数据的分布情况，判断问题是出在平均值上还是浮动值上，并依此采取相应的改善措施。
折线图 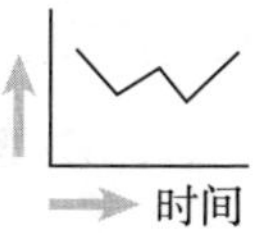 时间	表示数量的变化趋势，尤其是在时间序列上的变化趋势。也称作函数图、线图或经过图。能够从全局上直观地把握时间序列的变化趋势，具有很高的利用价值。
圆形图 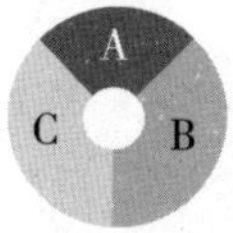 A B C	圆形图表的首要目标就是通过将圆形分区，来比较各项目分别所占的比例。在圆形的中心绘制同心圆进行大致划分方法，或环形图都属于圆形图。
带状图 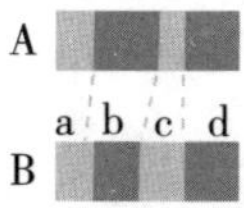 A a b c d B	按分类项目所占的比率在宽幅的直方图形上进行划分的图表。因其结合了柱形图（大小比较）和圆形图（比例比较）的特点，也被称作百分之百明细柱状图。横轴表示百分比。有横竖形两种带状图，横形图较为常见。
雷达图 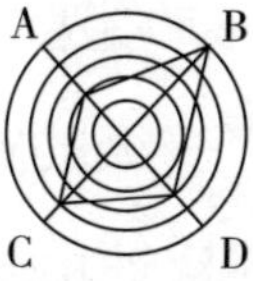 A B C D	为掌握各项目之间的平衡度（整体上的偏向、评价值和各项目间的关系）和目标值的完成度所使用的同心圆图表。用五分法评价项目时即画五个同心圆，最外侧的圆记为5分，最内侧的圆记为1分，用直线连接各项目得分。如例所示的4个项目数，得分达到8分左右时为最佳。
Z形图 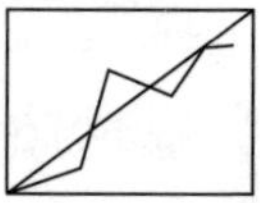	比较生产数量、销售额等项目的计划和实际业绩值的图表。有助于促进实际业绩值接近计划。“每日投入量管理”和“销售预测”中也经常使用此种图表。Z形图可以通过工序的投入量和完成量来判断半成品的数量和产品生产周期。在制定生产计划时，竖轴表示累计生产量，横轴表示生产日期，直线表示计划，曲线表示每天的累计实际业绩。

A-08　系统图法

定义　为实现某个目的、目标，通过系统地实施方案，把握问题全貌，明确重点，寻求最优手段或方案的分析方法。 新 QC 七大方法之一。

用途　1. 展示开发阶段所设计的新产品的品质　2. 展现质量保证活动中的产品质量，连接 QC 工序图　3. 适用于特性要素分析　4. 展现企业内部 Q、C、D 等问题的解决方案　5. 展开目标、方针、实施办法　6. 明确部门职能、管理职能，寻求高效方法

解说

1. 系统图的概念

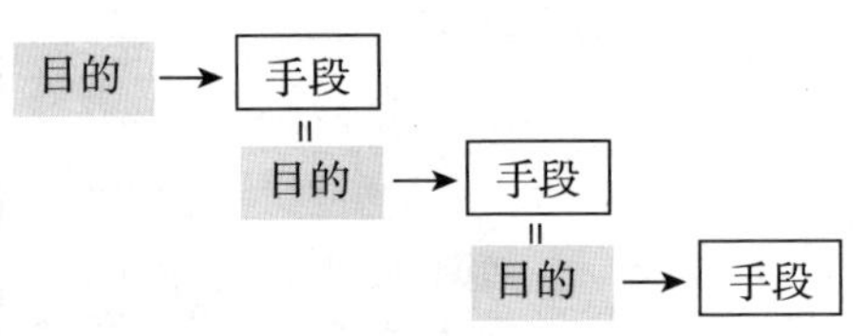

为达到某种目的，就需要采取某种手段；而为了采取这一手段，必须考虑下一级相应的手段。 这样上一级的手段就成为下一级的行动目的。 系统图法就是通过循环反复，达到对整体的把握和连接。

2. 系统图法的绘制步骤（运用 BS 法、KJ 法）

（0）准备：白纸约 10 张，KJ 卡约 100 张，标记（3 色）数个，其他文具。

（1）设定目的、目标：使用“为了使……”这种简洁明了的表达方式。

（2）手段、方法：按照发言顺序，使用“将……”的表达方式将发言记录至纸上。

（3）评价手段、方法：用○△表示对各项目的评价。 努力把评价△变为○。

（4）手段、方法卡片化：将各项目及其评价等级记录至卡片。（便于理解）

（5）手段、方法系统化：将（1）中的目的、目标卡摆置在白纸的左侧中间位置，按顺序（即按决策优良顺序）依次摆放在手段、方法处。

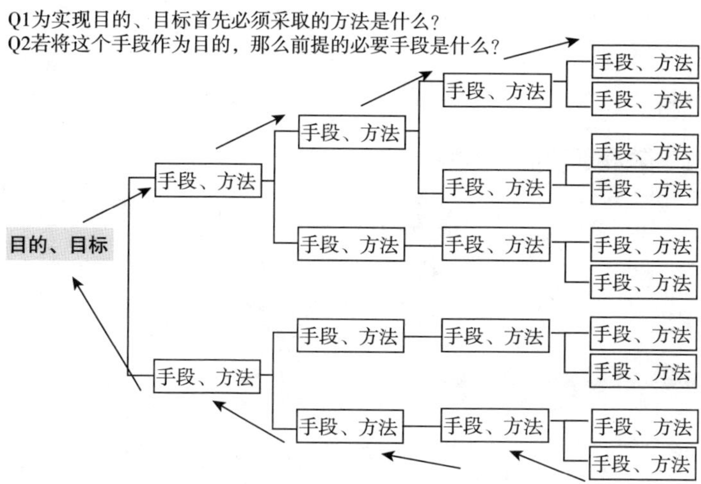

（资料来源：《管理者·员工的新QC七大方法》，水野滋主编，QC方法开发部门会议编，日科技连出版社，1982，P122）

（6）确认目的：从系统图最右端的方法起，操作 B，对匹配性进行再确认。

（7）制定实施计划：使系统图中最下位的手段进一步具体化、精练化，并确定具体的实施内容、日程和负责人等。

A-09 散布图

定义 清楚直观地表示两种数据间关系的图表。QC 七大方法之一。

用途 1. 分析、调查两种数据间的关系 2. 解决小团体活动主题

解说

1. 散布图的制作方法

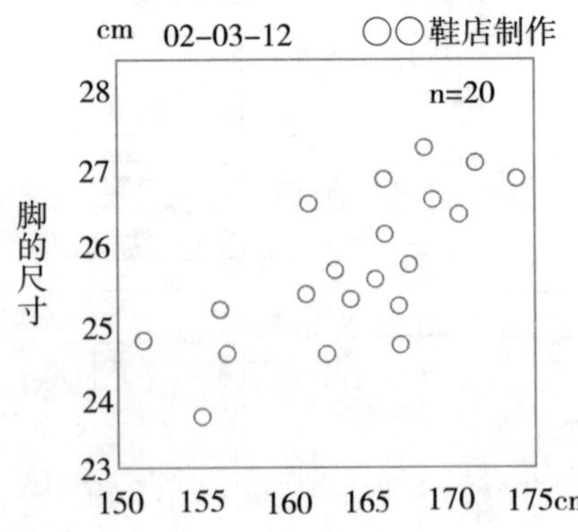

（1）成组收集可能有关系的数据。数据越多越完备，至少要收集 30 组以上。

（2）选取可以在坐标轴上用竖轴表示结果，横轴表示原因的项目和条件。

（3）将这组数据相对应地标在图表上。

（4）记录获取数据的地点、时间、测试方法、测试人等内容。

2. 散布图的查看方法

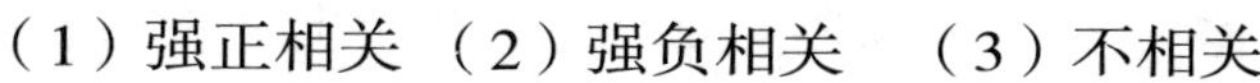

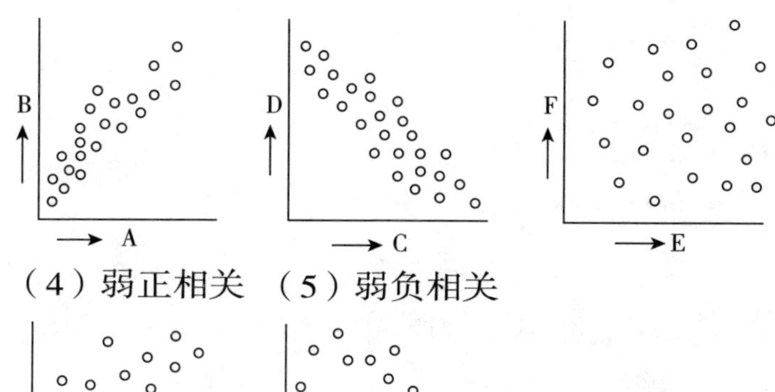

注：

1.在强相关的情况下可以通过控制竖轴项目，使横轴项目接近目标值

2.在弱相关的情况下除竖轴事项以外，可能还有其他影响横轴的因素

参考文献

《QC、TQC 事典》，松田龟松著，日本实业出版社出版

A-10　图纸编码体系分析

定义　分析产品图纸编码体系，判断设计生产率和MRP适用标准。

用途　1. 引进 MRP　2. 提高设计生产率　3. 信息处理自动化

解说

1. 图纸编码的功能

（1）区别于其他图纸的识别功能为其基本功能（一般情况下，图纸编码中顺序编号的绘制、修正或变更都通过此项功能得以实现）

（2）表示图纸内容及其相似性的分类功能为其附属功能（如表示绘制物体的功能、构造、形状、使用的产品、使用部分等）

（3）表示图纸尺寸和种类的分类功能为其附属功能（主要应用于图纸管理过程中）

2. 图纸编码法的种类

（1）分类方式（编码方式）

赋予每个字符特殊意义的方法。该种方式虽然便于检索和掌握内容，但难以适应种类增加以及内容变化等情况。

①产品从属法

首先是表示产品和使用场所的编码，接着表示图纸绘制顺序的编号。

例 工厂划分→ Y C M 4 1234 ←图纸绘制顺序编号

产品划分 产品位置划分 图纸尺寸划分

②零件独立法

首先，将零件固有的功能、构成、形状、材质等进行编号；其次，按照组装顺序、组装场合产品进行编号。若产品或零件构造简单，灵活适用多种方法的话，就可以省略图形。

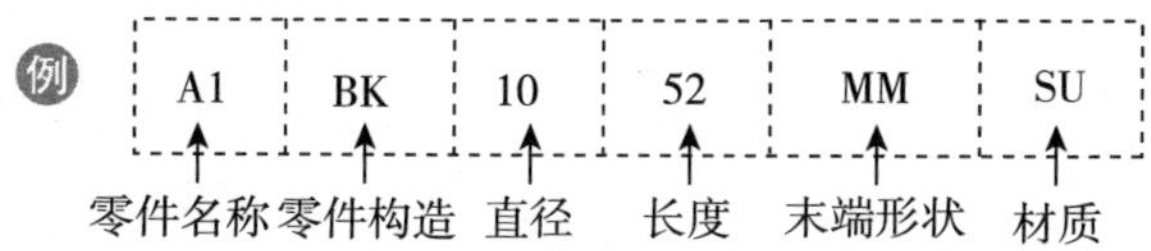

（2）绘制顺序法（通用法）

按图纸的绘制顺序进行编号的方式，由于没有分类功能因此适应各种变化，但由于其难以将图片用作其他用途，因此另外需要分类编码。

3. 图纸编码系统的意义

在引进计算机系统（CAD、CAM 等）、GT、MRP 等方法时，图纸编码系统是绝对的前提条件。因此必须开发可以对未来零件、产品动向作预测的有效新系统。

A-11 产品成本分析

定义 在类似产品数量少品种多的生产中，不同的产品构造会影响着制造成本。该种分析方法就是根据不同的产品构造，分析规范和成本之间的关系并依此做深入设计。

用途 1. 降低成本 2. 提高报价准确度 3. 提高设计效率

解说

1. 产品成本一览表的思路

在数量少品种多的订单生产中，要提高成本报价的准确度就需要花费很多工时，也会增加间接成本。因此表示产品不同要素设计规范和成本之间关系的成本一览表，有助于营业、设计和制造部门准确报价。

2. 产品成本一览表的绘制步骤

（1）将本公司的产品分成设计因素和制造因素，而这两大因素是影响功能、构造、大小等成本方面的主要因素。

①设计因素：在设计阶段影响既定成本

②制造因素：制造方法上影响既定成本

（2）分要素找出影响成本的条件。

（3）参照过去的实际业绩成本，绘制包括成本和影响成本的条件在内的矩阵图。

（4）参照矩阵图，制作计算公式或统计图。 使用计算机运算效果更佳。

（5）最后制作求总成本的计算公式。

3. 产品成本一览表实例（产品为金属板箱）

[ ] 设计值　　计算值

①金属板条件

(1)金属板使用量=[B] kg/块 ¥ = J ←金属板材料费

(2)金属板零件个数=[A]个/块 30 分钟 = K ←金属板加工时间

材质	¥
SS	200/kg
SUS	500
铝	700

②喷漆条件

每块的总喷漆面积=[E]件/块 10 分钟 = M ←喷漆加工时间

[F] = m²/块 1k ¥ = L ←喷漆材料费

③装配条件

(1)装配内部制作零件数=[G]件/块 5 分钟 = L ←装配加工时间

(2)零件购入费=[H] ¥/块 根据主要购入零件成本一览表计算

④捆包条件(按捆包材料分析)

	瓦楞纸	乙烯树脂	木材
(1) 捆包材料费 Q	1000 ¥	200	2000
(2) 捆包时间 R	10 分钟	5	5

⑤制造成本计算

	金属板	喷漆	装配	捆包	合计
材料费	J	L		Q	U
购入产品费用			H		V
加工时间	K	M	N	R	W

工厂分摊(分率)

↓

加工费 = W× 100 ¥ = X

⑥总成本计算

总成本(¥)= U+V+X

⑦批量系数

生产数量在 1~50 块之间浮动时,需要批量系数。

A-12 产品可靠性评价

定义 分析生产工序中产品质量等级的方法。

用途 1. 提高生产工序的质量 2. 定期显示不良原因 3. 解决小团体活动主题

解说

1. 直行率

某批次产品经过一次性加工产生的合格品的比例。是评价真正实力的重要指标。

$$直行率（\%）=\frac{一次性合格品数量}{一次性生产数量}\times 100$$

2. 返工率（重制率）

根据不同的返工现象和原因进行分析

对作业工序中质量、功能有所缺失的零件或产品进行了加工和试验等追加作业后，能够满足设计要求的合格品的比例。 虽然表面看来合格品率提高了，但浪费了较多的工时。

$$返工率（\%）=\frac{返工后合格品数量}{一次性生产数量}\times 100$$

3. 次品率

根据不同的不良现象和原因进行分析

某批次产品中最终的次品比例。 虽然表面上的合格品率提高了，但浪费了较多工时。

$$返工率（\%）=\frac{最终的次品数量}{一次性生产数量}\times 100$$

4. 成品率

与材料零件的投入量相比，成品所占比例。 次品率的补数

$$成品率(\%)=\frac{\text{一次性的合格品数量}+\text{返工后的合格品数量}}{\text{一次性生产数量}}\times 100$$

5. 计算实例

生产次数	生产数量	合格品数量	次品数量	直行率	返工率	次品率	成品率
第一次	100	80	20	80%			
第二次	20	14	6				
第三次	6	4	2				
第四次	100	98	2		18%	2%	98%

* 返工率 = （14+4） ÷ 100

6. 使用倍率

表示每生产一个产品多余使用了多少材料和零件的指标。 通过计算不同的零件，对零件和作业的不良进行评价。 通常大于 1。

$$使用倍率=\frac{使用零件数量}{理论生产数量}或\frac{实际使用量}{理论使用量}$$

请见计算实例：

A 零件使用数量　1015 个，生产数量　1000 个

$$使用倍率=\frac{1015}{1000}=1.015$$

由此可以看出，因作业不良或零件不合格导致多使

用了 15 个零件。

A-13 产品 DR（Design Review）

定义 围绕新开发产品的开发计划或改良产品的改良计划，有组织有计划地确认其计划的稳妥性以及各要求条件（功能、性能、经济效益、安全性、可靠性、可操作性、可保养性）之间的适应性。通过此种方法可以事先消除计划、设计、制作、销售等阶段出现的各种问题，同时确保短时间内能够生产出低成本高效益的产品。

用途 1. 达成产品的规格、质量、成本等目标 2. 达成设计日程、工时、预算目标 3. 预防制造工序或市场中出现问题 4. 积累技术管理经验、提升技术管理水平

解说

1. DR 步骤示例（参照下页表）

2. DR 成员（根据目的、内容的不同从下列部门中挑选人员）

公司高层、产品开发、设计部门、营业部门、制造检查部门、材料部门、设备设计部门、IE 部门、VE 部门的管理者和负责人。由产品开发、设计部门的部长负责 DR 的召集和推进工作。

3. DR 实施中的注意点

（1） DR 的重点不仅仅是指出问题，更是对设计者提出建议和提案。 因此要从该点出发挑选人员。

（2） 备齐各种实例和储备数据并加以利用。

（3） 研究设计结果的同时还应事先展开讨论，以达到充分的预测和预防效果。

（4） 确保资料、手续、DR 形式的简单化，以减轻设计者的负担。

（5） 将 DR 系统作为公司的规章制度固定下来，使实施这一系统的行为成为一项义务。

	审查对象文件	审查内容
DR1 构思设计审查	（1） 产品功能 （2） 利益计划 （3） 市场动向、销售计划 （4） 其他公司动向 （5） 必备技术内容 （6） 开发费用 （7） 日程表	（1） 围绕产品开发的必要性、市场动向的匹配度、技术层面的可行性进行的审查 （2） 围绕产品必须满足的市场要求规范、质量水平、销售价格、成本等基本目标，实现手段的稳妥性，与产品寿命的对应性，生产设备的多用性进行的审查 （3） 围绕应急计划的稳妥性进行的审查
DR2 中间设计审查	（1） 基本规范书 （2） 功能、构造图 （3） 生产设计内容 （4） 生产工序图 （5） 成本分配	（1） 围绕设计规范中各项要求，可操作性、安全性是否得以实现所进行的审查 （2） 检查生产体制、检查体制、制造准备、销售物流等与产品、制造、销售是否相匹配

（续表）

	审查对象文件	审查内容
DR3 最终设计审查	(1) 装配设计图 (2) 零件设计图 (3) 销售预测、成本报价单 (4) 生产工序计划书 (5) 购入品采购计划书 (6) 机器发货一览表 (7) 开发日程表	(1) 围绕构思设计目标的完成度、可操作性、安全性所进行的审查 (2) 检查是否存在障碍、PL 问题等法律或社会问题 (3) 围绕销售价格、制造成本、利益计划、生产据点、生产数量、库存计划、流通计划等进行的审查
DR4 产品认定	(1) 产品现货、安全认定书 (2) 产品动态、静态检查书 (3) 零件材料的采购、生产、库存、销售计划书	(1) 销售之前对产品实施最终检查。围绕构思设计目标完成度所进行的审查 (2) 对初始计划所作的检查

A-14　设计质量分析

定义　因技术错误或人为失误导致了不良设计，对其原因、损失金额等进行的损耗分析。

用途　1. 提高设计效率　2. 提升设计者能力　3. 减少不良　4. 提升 CS

解说

1. 分析项目（参照下表）

2. 建立不良解析系统（输入分析结果）

通过计算机等电子化设备，对快速检索、不良品金额汇总等进行系统化。

3. 召开不良对策会议

召开与事故等级相对应的不良对策会议，制定相关制度，集思广益以获取最优、最迅速的处理方法。

4. 贯彻预防措施

努力构建杜绝不良的 DR 系统并付诸实践，重新设定、改定设计规格和指南，贯彻培训工作。

划分	项目	内容
不良内容	1. 对象产品名	出现不良的产品名、型号
	2. 对象零件名	出现不良的位置、零件、材料等
	3. 不良名称	“高度不良”等
	4. 不良现象	“破损”等
	5. 不良数量	发现的不良数量，同一生产批次中推断为不良品的产品数量
发现不良	6. 发现不良的时间	发现不良的年月日（时间）
	7. 发现不良的场所	工序中、市场、顾客处等
	8. 发现人	作业人员、工序检查员、最终检查员、顾客等
	9. 发现时的处理方式	发现时是怎样处理的，处理是否得当

（续表）

划分	项目	内容
找出原因	10. 不良的直接原因	“因强度不足所造成的破损”等
	11. 不良的真因	“没有进行强度计算”等
	12. 动机性原因	设计者的心理原因（抱有“差不多这样就行了”的思想）
	13. 设计者姓名	对不良负责的设计者姓名
	14. 发生频率	产品出现过几次相同性质的不良、同一个设计者引发过几次不良
不良对策内容	15. 事故等级	是否为轻度事故，若是重大事故是否需要成立对策委员会
	16. 针对不良批次的对策	针对出现不良的整体批次的对策
	17. 应急对策	必须紧急处理的项目
	18. 永久对策	防止再次发生的根本性改善措施
	19. 规格、基准的改订	为防止再次出现不良改订规格、基准
	20. 针对类似品的对策	针对类似产品的对策
	21. 再培训的必要性	为防止再次发生，对设计者、检查员进行培训
损失金额	22. 不良损失金额	废弃的产品、零件的损失金额
	23. 对策费用	回收费用、替代品制作费用、交付费用、其他产品费用等
	24. 其他费用	因信用危机导致的销售额减少的损失及报纸广告费用等
	25. 合计损失金额	因不良产生的合计损失金额

A-15　层别法

定义　将具有相同条件、原因、特点的数据归纳起来并进行比较分析的方法。

用途　1. 明确问题　2. 解决小团体活动主题

解说

1. 层别的方法

（1）材料：产地、制造商、库存

（2）机械、装置：机械的新旧、制造商、工具、PM

（3）人员：组、班次、作业人员、时间

（4）车间条件：天气、温度、湿度、场所

2. 层别法的要点

（1）对可能产生问题的状况、人员、场所、材料、时间、机械、月份作业方法、测量仪器、夹具、生产线等分别进行分析。

（2）找出导致不良原因的基本 5M（Material：材料、Machine：机械、Man：人、Method：方法、Management：管理）

（3）层别法只有与其他 QC 方法合用才能发挥作用。如层别矩阵图、层别管制图都是有效的方法。

（4）层别时，必须考虑数据是计量值还是计数值。

3. 层别法实例

重量（g）	检查	个数
95～97①	///	3
～99②	卌 卌	10
～101③	卌 卌 卌 卌 //	22
～103④	卌 卌 卌 卌 ////	24
～105⑤	卌 卌 卌 卌	19
～107⑥	卌 卌 卌 卌	18
～109⑦	卌 ////	9
合计		105

注：检查项也可以用正字表示

重量	A产地	个数	B产地	个数
①	///	3		0
②	卌 /	6	////	4
③	卌 卌 卌	15	卌 //	7
④	卌 卌	10	卌 卌 ////	14
⑤	卌卌	8	卌 卌 /	11
⑥	卌	5	卌 卌 ///	13
⑦	///	3	卌 /	6
合计		50		55

从A产地和B产地的层别比较中可看出B地生产的柑橘更重。

A-16　检查表

定义　归纳数据并用表格表示，从而能够划分（层别）事实，详细定量地了解问题本质的一种方法。 该方法使用方便，适用于繁忙的生产现场。但因其没有固定的形式，所以必须根据获取数据的目的、场所以及数据的性质选择最优的形式。QC 七大方法之一。

用途 1. 分析结果、现象 2. 分析导致不良、不合适的主要原因 3. 管理现场的条件 4. 解决小团体活动的主题

解说

1. 检查表的特点

（1）轻松记录数据

（2）第一时间了解问题所在

（3）时刻把握全局，尽早解决问题

（4）同步检查多个项目

（5）通过层别数据，可一次性获取所有数据

2. 检查表的绘制步骤

（1）明确目的

（2）确定应记录的项目

（3）确定记录形式（检查项目、检查方法、检查记号的种类、用纸类型）

例如以下检查符号：

卌 正○○○●○ OK OK NG OK OKAABCC 12231 亻亻亻 □亻

（4）绘制数据条件栏。包括检查地点、工序、时间、周期、填表人等内容

（5）为便于使用，需写明检查方法

3. 检查表制作实例

“接缝不良”发生情况

检查日期：02–5–20（周一）/检查员：安田良子

时间	设备A	设备B	设备C	设备D	设备E	设备F	合计
8:00 ~ 9:00	///	//	卌	/	/	//	14
9:01 ~ 10:00	//		//	/		/	6
10:01 ~ 11:00	/						1
11:01 ~ 12:00	/		/				2
12:01 ~ 13:00	//						2
14:01 ~ 15:00	/						1
合计	10	2	8	2	1	3	26

注：设备A一天内持续出现不良情况，而其他设备多在生产开始时出现不良情况。

A–17　特性要因图

定义　用箭头表示结果（特性）和原因（要因）之间的关系，箭头前端标注结果，能够清楚直观地表示多个原因与一个结果之间关系的系统化方法。图形因与鱼骨相似，也称作“鱼骨图”。多运用于小团体活动中。

QC 七大方法之一。

用途　1. 明确模糊的问题　2. 整理假定原因　3. 找出本质原因和真因　4. 解决小团体活动主题

解说

1. 特性要因图的绘制步骤（运用 BS 法找出原因，并无一遗漏地列举出全部原因）

（1）确定结果（特性）。

（2）画出大骨：确定主要要因，建立框架，画在粗箭头的两侧。

（3）画出中骨：将属于大骨的要因画在各大骨箭头的两侧。

（4）画出小骨：将属于中骨的要因画在各中骨箭头的两侧。

（5）选择重要的要素：在对特性产生很大影响的要因上标注记号。由于特性要因图是定性的，因此为确保对策的准确性，必须定量表示。用不同粗细的线和百分比表示影响比率。

（6）写明制作条件：写明目的、工序、绘制日期、绘制成员等内容。

2. 绘制实例（%表示影响度比率，节选）圆圈中的数字表示制作步骤

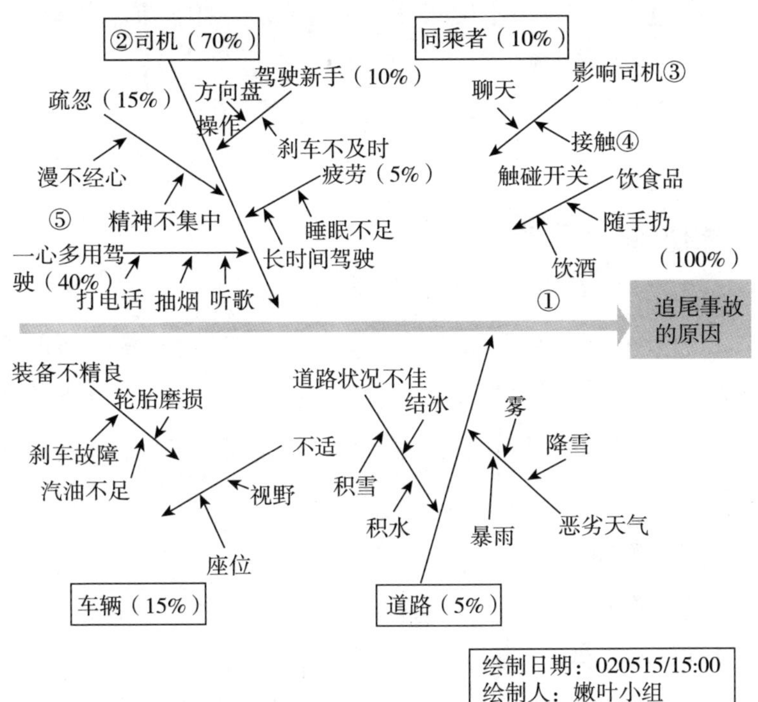

A-18 柏拉图法[①]

定义 按不良损失的大小顺序，用柱形图表示不良现象、原因，按损失大小顺序用折线图表示与累计损失

① 词源：意大利的经济学家柏拉图用公式表现人口百分比与财富百分比之间的关系，即“柏拉图法则”。后美国人劳伦兹将其应用到应对不良问题上。

的比例。通过此种方法能够找出不良问题的重点，寻求解决方法。QC 七大方法之一。

用途　1. 阐明不良现象、原因　2. 减少不良　3. 解决小团体活动主题

解说

柏拉图的绘制步骤

（1）确定数据的分类项目

将项目大致分为原因、现象、结果三大类，若要减少不良，则从原因层面入手效果更佳。不同的原因项目即为原料、材料、作业方法、作业人员、设备、夹具等方面。

（2）确定周期，收集数据

划分周期，有计划地收集数据。通常周期为一个月的时间。应尽量详细（不同的作业人员、时间、生产线等）地记录数据，以有效地推动分析工作的开展。

（3）将数据整理至图表

分项目整理数据。按数据的大小进行排列。分项目计算比率、累计数量、累积比率。

（4）横轴表示项目，竖轴表示损失

竖轴的长度为损失的合计值，横轴的长度与竖轴相同，分成若干项。左侧竖轴上标注损失的绝对值，右侧竖轴上标注累积比率。

（5）绘制柱形图和折线图

如下图所示，柱形图表示损失（不良数量），折线图表示累积比率。

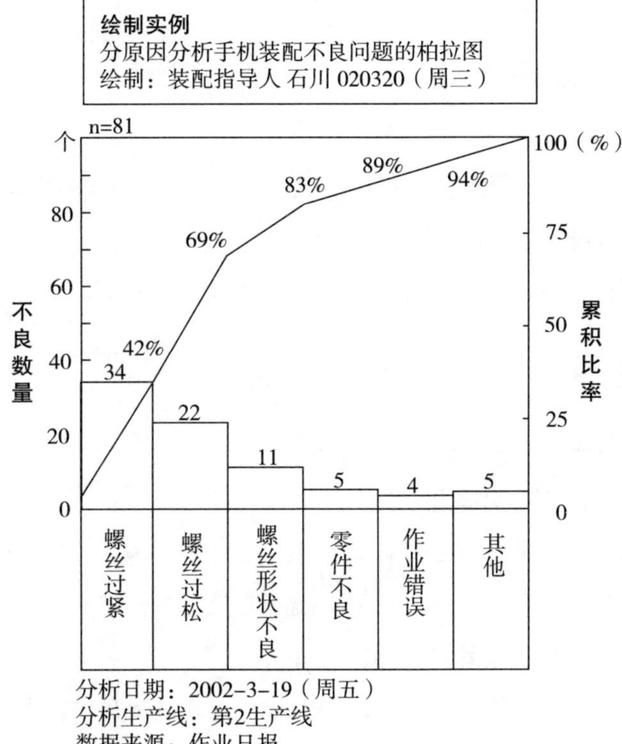

（6）记录数据和图表的条件

记录数据的条件、绘制年月日、绘制者姓名等。

（7）围绕重要项目绘制包括起始原因在内的柏拉图

在最初难以根据不同的起始原因（真因）进行分析

的情况下，可以先分析不同的结果，就其中的重要项目分原因进行分析，再就其中的重要项目分起始原因进行分析。以此类推按顺序追溯真因，制定对策，效果明显。

A-19　矩形图法

定义　柱形图的一种。能够清楚直观地表现浮动的各数据组的集中情况。QC 七大方法之一。

用途　1. 判断生产工序中是否有异常和问题　2. 与规格、目标进行对比　3. 解决小团体活动主题

解说

1. 分布的典型形式

（1）正规分布：将一连串连续的数值（如长度、重量、温度等可以用无限小数表示的数值）的分布情况绘制成开口朝下的吊钟形状。

（2）二项分布：1，2 等数值，如次品的数量等，不连续的整数多为二项分布。

2. 矩阵图的查看方法和思路

不受每个数据和柱形的细微高度差的影响，而是观察矩形图呈怎样的分布形状。通过大致把握整体情况，判断生产工序是否稳定、是否有问题。

（1）正常形状

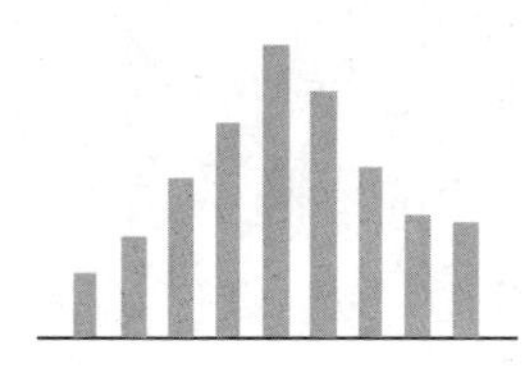

表示制造工序稳定的矩形图。底部对齐、左右对称，呈吊钟形状

（2）异常形状

①离岛型

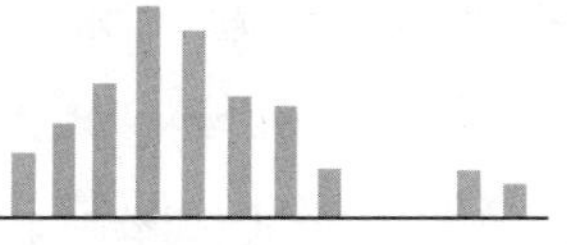

由于材料暂时发生变化，或者由不熟练的作业人员负责加工时所出现的情况

②双子山型

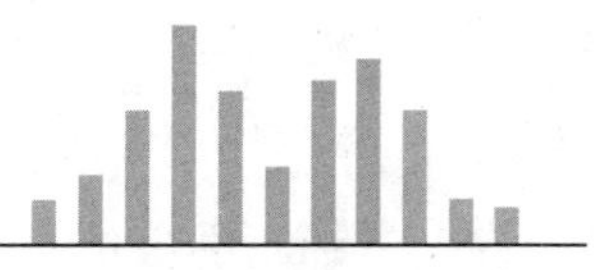

两台不同的机器进行加工或者两个公司交付的产品混合在一起时所出现的情况

③缺齿型

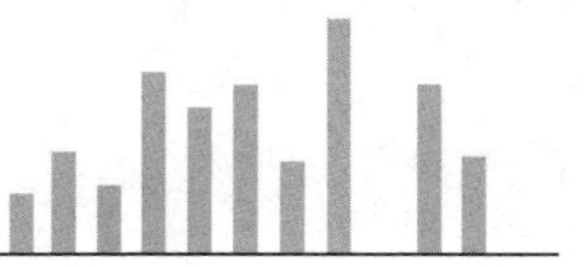

测定器有自己的测定习惯或者测定器的刻度读法出现偏差时所出现的情况

④绝壁型

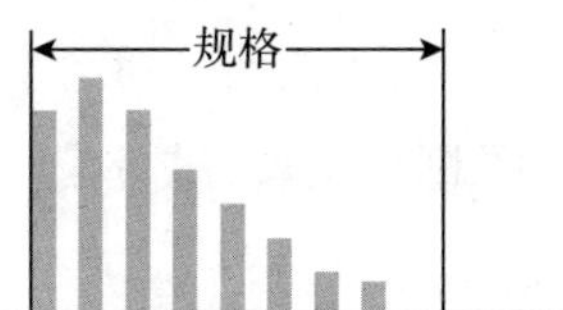

通过检查全部，筛选次品或者去除不符合规格的产品时所出现的情况

A-20 标准化分析

定义 围绕材料、零件、产品、图纸、设计步骤、施工方法等方面进行的标准化分析。

用途 1. 提升质量 2. 降低成本 3. 提高设计效率 4. 减少设计错误

解说

1. 标准化的定义

标准化是指“设定标准，并运用此标准的组织性行为”。标准是指“为实现统一化和简单化，使相关人员公平地获得利益和便利，围绕物体、性能、能力、配置、状态、操作、步骤、方法、手续、责任、义务、权限、思路、概念等方面制定的规定”。为确保其在一定时期内的通用性，一般采用文章、图表、样品等表现形式。(节选自 JIS Z8101)

2. 标准化的对象（以产品设计部门为主进行说明）

（1）物：产品、零件、材料、图纸、文件类等

（2）设计方法：设计步骤、信息工具的运用、业务分担、质量管理、成本管理、日程管理等

（3）制造方法：施工方法、制造步骤、使用设备、使用夹具、程序、检查计量器、检查步骤、账表类等

（4）概念：质量考虑、安全性考虑、基准、用语、名称、数值等

3. 设计标准化的一般示例

（1）重新研究产品的种类和寿命，通过废弃、综合、系列化等方法实现重组。

（2）选定需要统一化的零件和材料，制定统一零件指定制度。（从标准化展览室中展览的标准零件的现货中进行挑选。制定新的厂长批准制度）

（3）为促进类似图纸的运用，应将图纸筛选收集，系统化地建立类似图纸编码体系的 CAD、CAE 系统。

（4）提高图纸、零件的检索效率，简化管理系统，统一有效零件的名称，促进零件的统一化。

（5）采用追求设计和制图效率的简略图法、编辑设计图法。最后将 CAD 和 CAM 相结合，实现少量图纸加工。例如，运用 CAD 设计印刷底板时，可以通过联机系统将信息传递给底板制造商，再组装制造商的 NC 设备，实现少量图纸加工。

（6）以提升设计业务水平和管理水平为目标，实现设计步骤、设计周期的标准化。

4. 标准化的优先顺序

标准化虽然对制造商有利，但若进展不顺利，则难以满足顾客的细分化要求。因此为满足顾客要求，并从制造者的立场出发降低成本，就必须按照制作工序→材质→材料形状→零件→零件的组合→产品系列的顺序实现标准化。为达到这一目标，CAD（自动设计）、CAE（自动技术计算）、CAM（自动加工）、CAT（自动检查）四者的结合尤为重要。

A-21　矩阵图法

定义　从多维问题的事件中找出成对的因素，分成行和列，在交点处表示各要素间是否有关联以及关联程度，以此从二元配置中探寻问题的所在和问题形态，并从二元关系中获取解决问题的思路。 QC 七大方法之一。

用途　1. 设定系统产品开发、改良的着眼点　2. 展现原材料、产品的质量　3. 找出制造工序中的不良原因　4. 强化质量保证体系，实现高效化　5. 根据市场和产品的关联拟定产品混合战略计划　6. 探索现有的技术、材料和元件的新应用领域

解说

1. 矩阵图的代表种类（不良对策项目实例）

（1）二要素（形型）矩阵 （3）四要素（X形）矩阵

A不良项目
a1 a2 a3 a4
B不良原因
b1
b2
b3
b4
b5

C不良现象
c1
c2
c3
d1 d2 d3 d4
D改善项目
a1 a2 a3 a4
A不良项目
B不良原因
b1
b2
b3

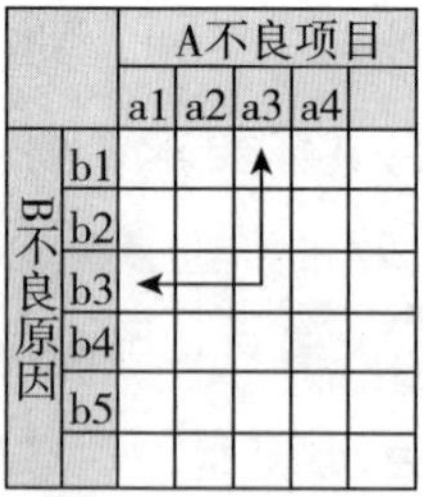

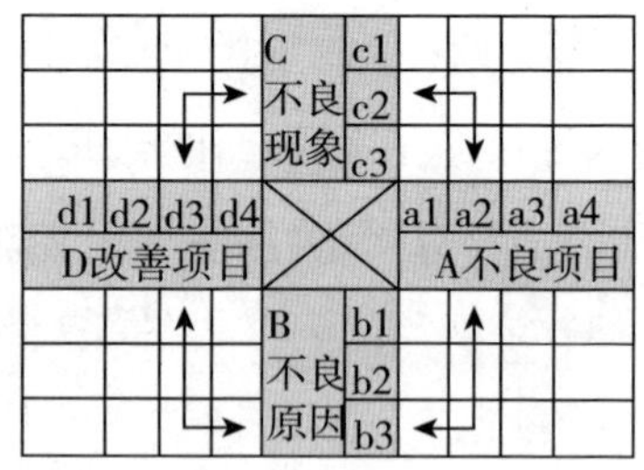

（2）三要素（T形）矩阵

C 不良现象	c1				
	c2				
	c3				
A不良项目		a1	a2	a3	a4
B 不良原因	b1				
	b2				
	b3				

绘制要点

（1）清楚地表示主要要素和次要要素
（2）定量记录发生比率
（3）重点应放在项目内容上
（4）首先绘制二要素矩阵图，再依次扩充为多要素矩阵图
（5）使用◎○△等符号表示要素间的关联程度

2. 制作实例：难吃米饭的零化处理（节选）

发生比率	现象	米没有淘洗干净	水过少	水过多	蒸饭时间过短	米变质	米的质量差
50%	过干	△	△		◎	◎	○
30%	过烂			◎	○		
15%	夹生		◎		◎		
5%	焦	△	◎				
发生源	**原因**						
人	经验	◎	◎	◎	◎	△	△
人	积极性	◎	△	△	○	△	△
材料	米	△	△	△		◎	◎
材料	米的存放		△	△	△	◎	

◎：强联系
○：有联系
△：弱联系

改善计划表

实施项目	日程表	负责
贯彻作业指导		
更换购买的大米		
改善米的存放状况		

A-22 关联图法

定义 错综复杂的因素导致了问题的发生。通过分析其中的因果关系，找出合适的解决方案。新 QC 七大方法之一。

用途 1. 制定引进工厂活动的推进计划 2. 针对市场诉讼事件制定对策 3. 改善制造工序质量，特别是消除潜在不良 4. 针对工序管理中的问题制定对策 5. 解决小团体活动主题

解说

1. 关联图制作中的注意点

（1）将应达成的目标和希望解决的问题写入双层框中，以便于抓住重点项目、原因。

（2）原则上，原因、结果型的箭头方向应为原因到结果，目标、方法型的箭头方向应为方法到目标。但在反方向项目或反方向更易于理解的情况下，和 KJ 法一样事先确定关系符号更为便利。

（3）关联图不能清楚直观地表示项目的上下关系，因此将关联图法作为最终方法的同时，在前阶段配合使用关连树法和功能系统法效果更佳。

注：

①制作关联图时，和 BS 法、KJ 法一样需要准备白纸、卡片、标记等工具。

②在项目提案中需运用 BS 法和 KJ 法。

2. 制作实例（找出自动装配机的故障原因）

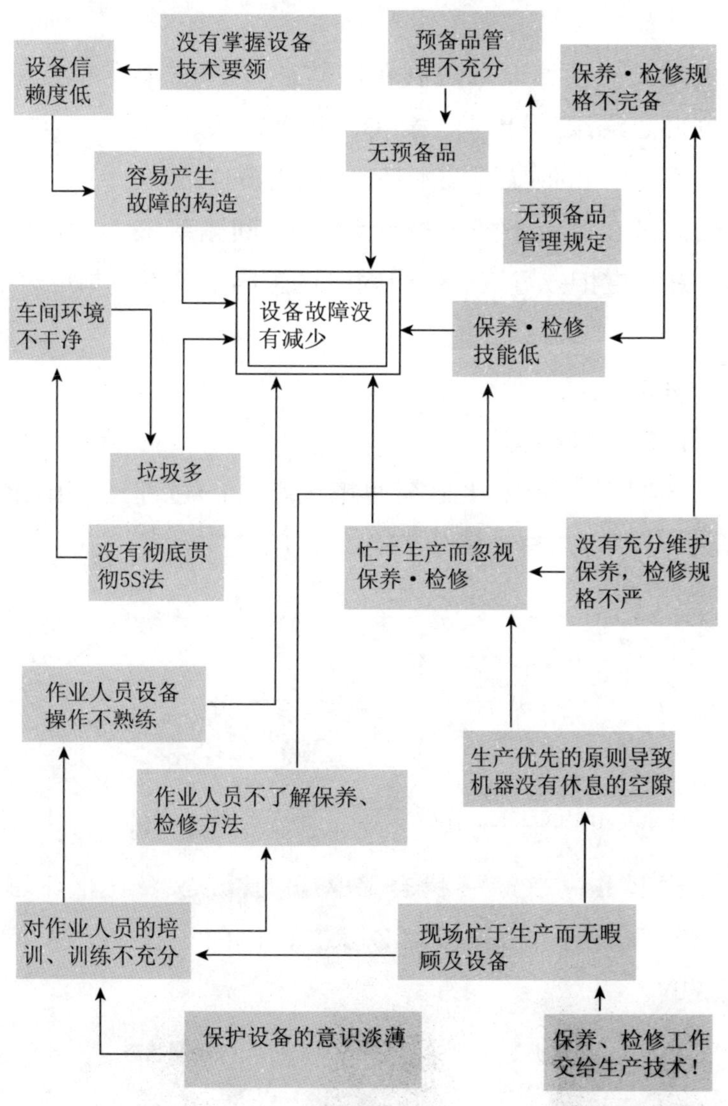

A－23 PDPC 法（Process Decision Program Chart）

定义 预测事态进展和可能出现的结果，制定能够达到理想结果的计划。新 QC 七大方法之一。

用途 1. 制定以技术开发为主题的实施性计划 2. 拟定目标管理进程中的实施计划 3. 预测系统中的重大事故，并制定相应对策 4. 针对制造工序中的不良制定对策

解说

1. PDPC 模型

模型Ⅰ：将 A 状态至理想状态 Z 的过程绘制出来的方法。中途内容若发生变化则采用分支表现形式。

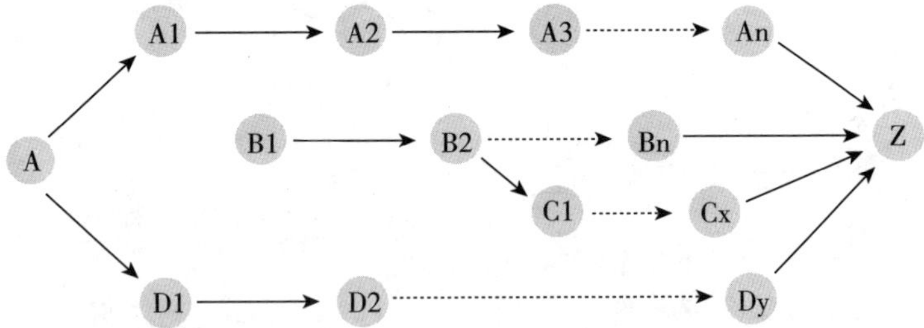

模型Ⅱ：在最终状态 Z 为理想状态（或非理想状态）的情况下，首先假定 Z 状态，再由 Z 状态向 A 状态展开的方法。

初始状态 理想状态

A ← A1 ← A2 ← Ai ← Z

2. 模型Ⅰ实例：实现设备的生产量提高30%的目标

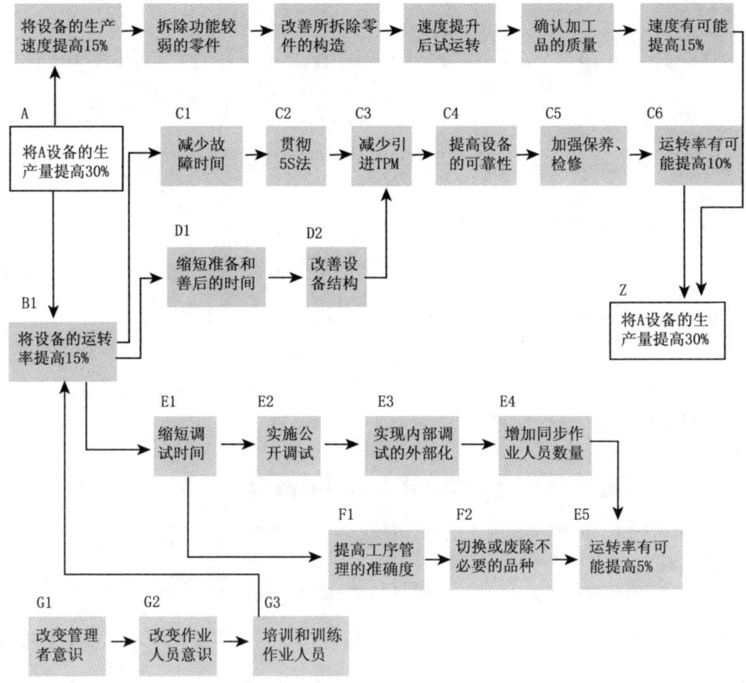

3. 模型Ⅱ的实例：A为防止出差迟到的对策

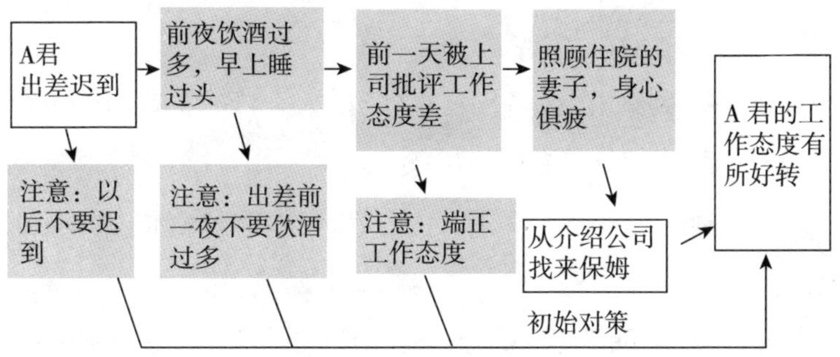

A-24　PLP 评价法

（Product Liability Prevention：产品责任预防）

定义　为了预防产品在设计上、生产上存在缺陷，防止客房使用时发生危险，杜绝产品预备警告不充分等，实施的评价方法。

用途　1. 防止产品出现缺陷　2. 提升 CS　3. 维系企业的社会责任

解说

1. 产品责任（Product Liability：PL）JIS 定义

使用者或第三人因使用设计、制造或表面上存在缺陷的产品而遭受损失时，由产品缺陷导致的伤害应由生产方及销售方负责并担负赔偿责任。生产方和销售方为避免承担责任而进行的预防活动被称作产品责任预防。

2. PLP（Product Liability Prevention）活动

（1）在全体部门（营业、设计、制造、检查、发货）贯彻常规 QC、QA 原则。

（2）相关人员从各自的立场出发学习与 PL 有关的知识（特别是法律上的规章对策）。

（3）确保产品从使用到废弃的整个寿命周期内的安全性。

（4）建立预测、预防、防止事故再发生的系统和方法（包括调整安全标准和丰富安全技术等）。

（5）切实向用户提供有关安全性的相关信息。（包括核实和改善广告、宣传内容、使用说明书、产品目录、宣传资料，以及培训销售人员）

（6）PLP 的相关资料将作为技术和管理数据或 PLP 活动的证明被纳入企业的信息管理系统以便进行充分管理。

3. PLP 活动的评价

制作日期：　　　　制作人：　　　　批准人：

检　查　项　目	检查结果
（1）是否建立了推进组织	
（2）推进负责人是否为公司高层	
（3）推进组织是否切实发挥了作用	
（4）推进内容是否标准化，是否制作成了指南	
（5）质量保证体系是否充分发挥了作用	
（6）对全体从业人员的培训、开发是否充分	
（7）是否向顾客详细说明了正确的使用方法和可能出现的危险	
（8）是否明确了原材料、零件的责任人	
（9）是否备齐了标准、检查等记录	
（10）是否对确认检查的证明实施了管理	
（11）活动的相关信息系统是否充分发挥了作用	
（12）全体从业人员、相关公司是否有清晰的意识	

B　工序、物流、布局分析方法

B-01　项目相互关系分析

定义　系统分析构成布局的各项目间联系的方法。SLP 法（B-18）的步骤之一。

用途　1. 提高作业效率　2. 缩短活动路线　3. 提高空间利用率　4. 减少半成品（也叫在制品）或库存　5. 提高设备效率　6. 计划布局　7. 解决小团体活动主题

解说

分析步骤

（1）选取必要项目

选取所有相关项目，包括产品流程、模型修理车间、夹具室、动力室、更衣室、零件、产品仓库等服务辅助部门。

（2）在相互关系表里填入各项目（表1）

在实施标准化的过程中若使用公司的标准样式会更加便利。

表的查看方法 各项目交点的上端表示靠近性，下端表示理由。例如：卫生间和厨房因为环境（3）的原因属于（X）不可靠近的一类。

1.大门口
2.起居室
3.厨房
4.餐厅
5.卫生间
6.浴室
7.主卧
8.儿童房A
9.儿童房B
10.盥洗室

E 2 X 1 X E 2 E 1 2 0 2 3 E 2 E 2 E 2 0 4 0 E 4 E 1 E E

表1

值	靠近度	颜色	线的种类
A	必须靠近	红	4根线
E	尽量靠近	橙	3根线
I	有必要靠近	绿	2根线
O	一般	青	1根线
U	没有必要靠近	无色	无线
X	不可靠近	茶色	~~~~~~

表2

记号	理由
1	与人接触
2	便利
3	噪音?障碍?环境
4	私密性
5	家具?设备的利用

表3

本图表省略了部分可靠近性和理由。虽然家庭建筑多为两层建筑，但在相互关系的分析中将平房作为对象进行分析更易得出正确结论。

（3）评价可靠近性

在评价值的部分涂上指定色彩以便于理解，但若将所有部分都涂上色彩则不便于观看，因此只需在 A 和 X 部分涂上色彩（表 2）。

（4）明确各项目不同的可靠近性的理由（表 3）。

（5）在相互关系表中填入可靠近性及其理由（表 1）。

（6）将相互关系表绘制成图表，可省略（本书省略）。按可靠近性的强弱程度安排项目，同时还可以发现可靠近性间的矛盾。

参考文献

《工厂布局技术》，R · 缪瑟著，十时晶译，日本能率协会出版

B-02　能源分析

定义　为保护地球环境、降低成本，分析生产活动和工厂运营中必备能源的使用情况。同时在设计工厂时可以将其作为使用计划和布局计划的参考资料，以此来分析必备能源的种类和数量。

用途　1. 降低成本　2. 节能　3. 布局计划　4. 工厂计划　5. 保护地球环境

解说

1. 分析对象和能源的种类（参照表格）

对象＼能源		电力				水			气体燃料	石油			高压空气
		照明	动力	热源	空调房	城市用水	工业用水	纯水		汽油	灯油	液化气	
生产	材料工序												
	零件工序												
	产品工序												
物流	厂内物流												
	仓库内物流												
	厂外物流												
后勤	事务室												
	会议室												
	接待室												
	IT 机器												
	复印机器												
	通信机器												
福利保健	食堂厨房												
	卫生间												
	更衣休息												
	饮水机												
	自动贩卖机												
动力部门	空调设备												
	锅炉												
	压缩机												
	纯水装置												
环境	处理设备												
	再生设备												

2. 分析内容

（1）不同能源的系统表（填入工厂布局中）

（2）不同能源的使用量/月

（3）不同能源的消耗单位成本（ ¥/kwh、 ¥/吨等）

（4）每个产品的不同能源使用量

3. 评价项目

（1）每个产品的能源成本构成

（2）每个产品的环境处理成本构成

（3）每名间接员[①]的能源成本构成

（4）总成本中能源成本所占比率

B-03 工厂诊断法（简易法）

定义 为综合改革生产工序，讨论自己公司与外公司在所有项目上的最高标准，并分析自己公司工序的等级。

用途 1. 改革生产 2. 提高生产率 3. 降低成本 4. 提高空间利用率

解说

诊断步骤

（1）设定诊断项目：从产品构造、订单形式、生产

① 间接员：会计、总务、设计等办公室人员。

形式等方面确定诊断项目。

（2）设定诊断内容：设定定量内容。

（3）设定基准尺度：调查本公司、其他公司的最高等级，定量设定基准尺度。①

（4）设定判定方法：比较基准尺度值和本工序值，运用五分法进行记录。

（5）实施诊断：召集相关人员，集思广益，短时间内集中诊断。附上及时发现的问题和改善方案。并用雷达图（参照 A-07“统计图”）进行归纳总结。

分类	项目	诊断内容	基准尺度	判定
工序	1. 工序数	从投入零件到产品入库的工序数量	A公司的○○制造工序	3
	2. KT	从投入零件到产品入库的经过时间	B工厂的△△制造工序	2
	3. 在制工序数量	包括正在加工的半成品的数量	以下省略	以下省略
	4. 标准时间	人工作业情况		
	5. 作业效率	作业人员、管理者的责任履行情况		
	6. 自动化率	作业的自动化等级		
	7. 设备运转率	设备不运转的情况		
	8. 工序不良率	产生不合格产品的情况		

① 基准尺度：比较性能和成果的方法之一。先调查本行业中其他公司的最高基准尺度，再以此为标准评价本公司的等级。

（续表）

分类	项目	诊断内容	基准尺度	判定
保管	9. 产品库存量	与生产金额（数量）相对的库存金额（数量）		
	10. 零件库存量	与生产金额（数量）相对的库存金额（数量）		
	11. 原材料库存量	与生产金额（数量）相对的库存金额（数量）		
	12. 空间利用率	与投影面积相对的使用面积		
MH	13. 选择方式	信息和物流的自动化等级		
	14. 出入库自动化	信息和物流的自动化等级		
	15. 保管自动化	信息和物流的自动化等级		
	16. 工序间的联系	工序间的联系程度		
	17. 容器统一化	容器更换频率		
物流	18. 搬运方式	搬运机器的使用情况		
	19. 产品搬运距离	从投入零件到产品入库所经过距离		
	20. 工序间的集中	反流、多次重复同一工序		
生产管理	21. 生产管理	生产指示、收集实际业绩的情况		
	22. 生产完成	交付期的完成率		
	23. 信息处理自动化	邮件、计算机的使用情况		
	24. 计划变更	因紧急事件、不良情况而变更计划		
	25. 零件交付	延期、不良等情况		
环境	26. 员工环境	噪音震动、照明、空调等级		
	27. 产品环境	噪音震动、照明、空调等级		
	28. 洁净等级	员工、产品周围的垃圾状况		
	29. 节约资源等级	节能、节省资源的情况		
	30. 废物处理	处理系统的等级		

B-04　在制工序分析

定义　针对生产工序中的原材料、零件、产品等由于何种原因处于什么工序、数量有多少等相关数值进行分析的方法，以及针对上述物品处于记录、搬运、保管等何种状态进行分析的方法。

用途　1. 减少在制　2. 缩短开发周期　3. 改善布局　4. 减少工时　5. 提高质量　6. 降低成本

解说

1. 在制工序的对象范围

●在制工序
- 工序内在制：工序内作业中待作业的物品
- 工序间在制：前道工序完成等待后道工序时，处在工序间的物品

2. 数量分析（从起始工序到最终工序一直跟踪分析）

（1）依据工序内不同分类原因（作业中、次品、重制品、计划缓冲、等待短缺品、作业人员原因、等待批量、其他）把握对象品数量

（2）依据工序间不同分类原因（前后工序的功能差、班次差、待搬运、品种变更、计划缓冲、生产管理不完善、作业人员原因、等待批量、其他）把握对象品数量

3. 情况分析

（1）表示情况：是否清楚直观地表示了存放情况（品种名、数量、理由、对策日期）

（2）记录情况：是否建立了将存放情况作为每日生产管理记录内容的记录体系，是否付诸实行

（3）保管情况：是否根据不同的原因建立了包括保管场所、保管方法、管理责任人、保管期限的保管体系，是否付诸实行

（4）搬运情况：是否规定了与在制情况相对应的搬运方法（手段、时间、搬运数量等），是否付诸实行

4. 基准和实际业绩的评价分析

（1）是否每期都设定了不同工序内年成品数量基准，是否每个月都分析与实际业绩间的差距，并建立了改善机制，是否付诸实行

（2）是否每期都设定了在制减少目标，是否明确了实施机构，是否付诸实行

（3）自己公司的在制减少目标与其他公司相比是否有优势

5. 分析步骤

（1）绘制从初始工序到最终工序的流程图

（2）设定生产条件（设定何时改善生产数量与品种数量，把握与现状分析值的换算值）

（3）依据不同原因分析每个工序内部年成品的数量

（4）依据不同原因分析工序间半成品的数量

（5）比较基准和实际业绩值，缩小基准和实际业绩值之差

（6）设定下一个目标

6. 分析要点

整体最优方式不是选取某个特定工序，而是以初始工序到最终工序为对象进行分析。

B-05　工序分析（流程图）

定义　按工序的流程将工序划分为加工（装配）、检查、搬运、停滞等几个部分，分析每个工序的作业内容、所需时间、移动距离、发生位置、移动手段，也称作流程图。

用途　1. 提高作业效率　2. 缩短 KT　3. 提高空间利用率　4. 减少半成品、库存　5. 提高设备效率

解说

1. 工序分析的对象

工序：物品变形、变质的情况

作业：操作工序的人员和设备的情况

工序分析主要是分析上述工序的流程，同时附带分析作业情况。

2. 工序分析符号（与 MH 分析符号相同）

3. 工序分析的步骤

工序	加工	检查		搬运		停滞	
划分	加工	数量检查	质量检查	移动	处理	储存（计划内）	停滞（计划外）
符号	○	□	◇	⇨	⬡	▽	D

（1）确认分析目的

在开始分析之前，再次确认分析目的

（2）拟定分析计划

①确定分析对象。必须遵循从产品的初始工序到最终工序的原则。只进行单一工序的分析无效。

②确定分析项目。

③确定时间、周期。

④确定分析准确度。首先进行大致分析，然后再详细分析问题工序。

⑤确定分析方法。如贴附观测、WS 观测、移动发票记录、自我报告法等。

（3）准备

布局图、工序图、记录用纸、秒表等。

（4）分析

①分析移动距离、所需时间、搬运方法、加工设备、加工方法、加工条件等已确定的项目。

②必须在相关现场进行分析。运用 5W1H 的方法向

管理者提出问题。 尤其要把握工序在制的原因。

③按从初始工序到最终工序的顺序进行分析。

④改善保管、搬运、待搬运状况。 ○以外全部为改善对象。

4. 基本工序分析示例

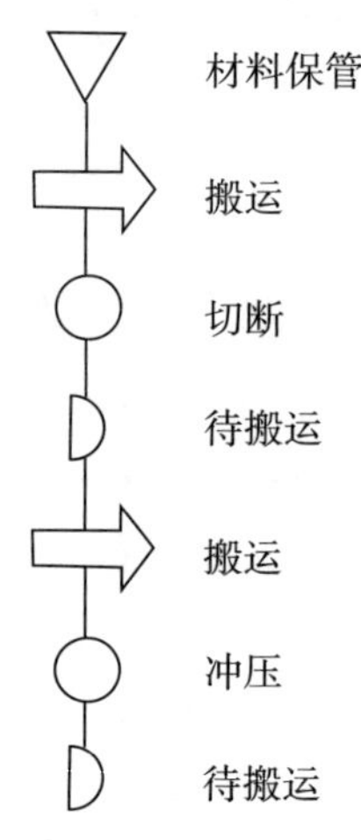

B-06　生产形态分析

定义　从销售方式、产品形状、生产量、物流等方面分析生产形态，使其成为改善生产管理、改善生产方式的资料。

用途　1. 设计最优生产方式　2. 改善生产方式　3. 改善物流　4. 设计、改善生产管理方式

解说

1. 从设备配置进行划分

形态	设备配置和产品流程	特点
流水作业	→ M1 → M2 → M3 → M4 按工序顺序配置设备。实现各设备间的运送自动化、半自动化。	各产品的工序顺序相同并且固定（流水线） 进度：快　在制量：少 生产管理：简单、容易
车间作业	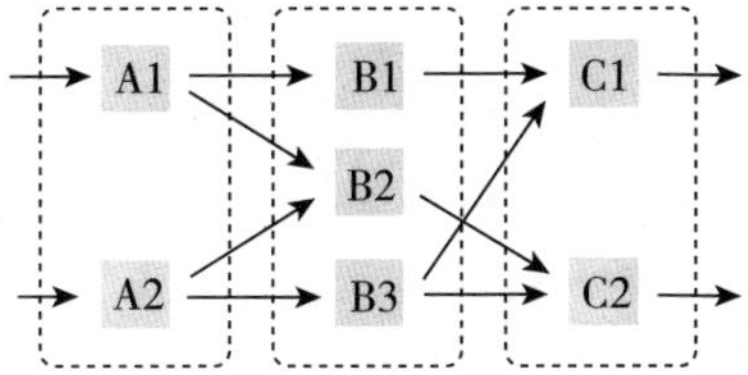 A1 → B1, A1 → B2, A2 → B2, A2 → B3, B1 → C1, B2 → C2, B3 → C1, B3 → C2, C1 →, C2 → 按不同的加工功能群配置设备。设备间的运送多通过无人搬运车或人工搬运实现。	分加工功能随机向设备群分配产品。产品的类似度低。有可能发生跳过某道工序或反流的情况。 进度：慢　在制量：多 生产管理：复杂，管理工时多

2. 从销售形态进行分析

形态	生产工序流程													适应性和特点
订单生产	咨询	商洽	报价	接受订单	准备零件	验收	材料入库	零件加工	零件入库	装配	检查		交付顾客	订单后生产。库存中含有一定数量的材料、零件。如何缩短交付日期是需要解决的课题。

（续表）

形态	生产工序流程													适应性和特点
预付生产（预计生产）	预测需求	生产计划	日程计划		准备零件	验收	材料入库	零件加工	零件入库	检查装配	产品入库	商业仓库	交付顾客	如何制定生产计划、产品库存计划是需要解决的课题。及时交付为其基本原则。

3. 从生产量进行划分

形态	生产特点	课　题
大批量生产	家电等小型产品，流水化同步生产	单件生产、流水线、缩短 KT
中批量生产	中型产品、流水和车间混合作业	流水化、零件同步化、生产管理
小批量生产	大型产品、零件数量多、加工和装配工时多	MH 效率、零件同步化、作业效率

4. 从移动方式进行划分

形态	生产特点	课　题
物进式	产品按作业的顺序移动	工序和零件同步化、缩短 KT
人进式	作业人员按作业顺序移动（产品不移动）	缩短 ST、增加同步作业人员人数

B-07　产品库存分析

定义　为减少产品库存，按照不同品种不同月份，以工厂的成品库存开始至流通库存，对产品库存的数量及金额进行分析的方法。 由于生产者减少库存的立场和顾客防止产品短缺的立场相反，因此在制订销售战略时，合理的分析及适度的改善很有必要。

用途 1. 减少产品库存 2. 防止产品过时 3. 减少不良资产 4. 减少流通经费 5. 缩小产品保管空间 6. 强化生产结构 7. 防止产品脱销

解说

1. 产品库存分析的对象范围

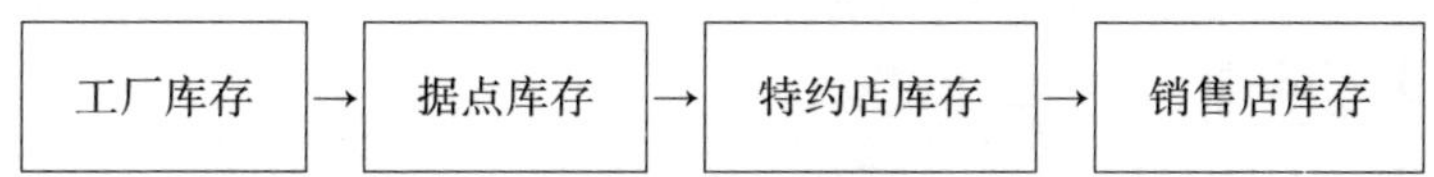

2. 产品库存状态划分值的设定

在分析产品库存时，首先要划分库存状态。 根据销售战略和产品生产周期的不同，正常库存、异常库存、过剩库存的划分标准也有所不同，因此必须设定适合本公司的划分值。 在正常库存的情况下，由于持续发货，所以即使有一个月的库存量，生产方式也未必有问题。但在小批量生产的情况下，就必须改善调整基准。

库存状态划分示例：

（1） 正常库存：生产周期内能发货的库存

（2） 异常库存：在库天数量生产周期的 1.5 倍 ~ 2 倍，即库存停滞

（3）过剩库存：在库天数是生产周期的两倍以上

3. 数量分析的步骤（分析库存量）

（1）明确分析目的：明确改善目的是减少产品库存，还是实现流通据点的集约化，以此为依据制定分析计划。

（2）分析库存的实际情况：首先按不同的品种、月份（销售量会随季节发生变动）、保管场所进行分析。应挑选能表示平均库存情况的日期。有时也存在上、中、下旬平均各进行一次分析的情况。

（3）单独分析产品库存不能带来改善。需要分析不同品种不同月份的销售量、生产量与库存之间的关系，因此要同时分析上述数据。

（4）用图表表示销售量、库存、开发周期、库存数量彼此间的相互关系。

（5）观察上述关系，找出导致库存现状的真因。

4. 品种系列的思路

每个品种的分析都需要花费工时，但有时这种分析未必能起到改善的作用。根据不同的生产方式或不同的使用材料对产品系列进行合适的划分，可以缩减分析工时，扩大改善效果。

5. 库存保管状态的分析（掌握库存管理的实际情况）

判断库存管理是否进行了高效地管理等级分析。

（1）表示情况：是否清楚直观地表示了存放情况

（品种名、数量、理由、对策日期）。

（2）记录情况：是否将库存情况作为每日生产管理信息详细地记录至计算机或文件中。

（3）保管情况：是否制定了包括保管场所、保管方法、管理责任人、保管期限在内的库存管理规定，是否付诸实行。

（4）搬运情况：是否制定了包括产品入库、库存品的出库方法、时间、数量在内的规定，是否付诸实行。

B-08　载重率分析

定义　货车、卡车、集装箱等运输工具的载重率分析。

用途　1. 降低运输成本　2. 节能

解说

1. 载重率计算公式

$$①表面载重率（\%）=\frac{捆包载重体积（m^3）}{运输工具体积（m^3）}$$

捆包体积=产品体积+运输工具+货盘等的体积

$$②实际载重率（\%）=\frac{产品体积（m^3）}{运输工具体积（m^3）}$$

$$③产品包装率（\%）=\frac{产品体积（m^3）}{捆包体积（m^3）}$$

$$④往返载重率（\%）=\frac{去时捆包载重体积（m^3）+返程捆包载重体积（m^3）}{运输工具体积（m^3）}$$

2. 体积比载重率的思路

（1）首先确立前提，即运输工具的体积比率应为限制条件。

（2）产品无包装运输时效率最高。

（3）不同的产品和品种混载时，为提高载重率将下述混载率作为指标即可。

$$混载率（\%）=\frac{捆包载重体积（m^3）+主要产品捆包体积（m^3）}{捆包载重体积（m^3）}$$

3. 与 SCM 的关系

分析载重率的目的是降低流通成本。在引入 SCM（Supply Chain Management 供应链锁管理）的过程中为降低流通成本就必须提高载重率，因此要打破由本公司单独运输的模式，进行流通革新。下述分析十分重要。

* 与其他公司的混载

* 外部采购

* 灵活运用送货上门服务的方式

* 减少捆包数量，再交货

* 在顾客要求的交货地附近进行装配

参考文献

《物流事典》，中田信哉编著，日本实业出版社出版（1997）

B-09 客户业绩评价

定义 分析制造商客户的经营结构、经营质量。 维护本公司与客户的良好关系，促进共同发展。

用途 1. 与制造商共存共荣 2. 规避本公司风险 3. 支持制造商强化企业结构 4. 降低成本

解说

1. 客户评价基准示例（参见下页表）

2. 评价体制

（1） 评价打分者

设计部、质量保证部、生产技术部、技术部、材料部以及 VE 中心的部门负责人。 由材料部长担任领导一职。

（2） 评价基准

每个项目的满分为 100 分，设定定量评价基准，确保评价标准的均衡化。

（3） 评价时期

年末进行评价。 公示结果，举行表彰仪式和报告会，促进客户的成长。

（4） 相互评价

客户也要对本公司进行评价，实现双方的共同发展。

评价项目	评价基准	评价要点
①ISO 满意度	日常购入品的质量结果	验收时对要求规范的评价
②ISO 管理情况	客户整体的日常质量管理系统	(1) 组织体制 (2) 改善交付期、质量的实施情况 (3) 劳务、安全、环境管理情况
③购入价格	基准价格和实际价格之差（价格降低率）	$\frac{\text{基准@}-\text{实际@}}{\text{基准@}}\times 100\%$
④交付期	规定交付期的遵守程度	(1) $\frac{\text{验收件数}-(\text{延迟}+\text{提早交付件数})}{\text{验收件数}}\times 100\%$ (2) 缩短发货至交付周期活动的情况
⑤生产技术水平	客户的生产技术水平、质量保障水平	(1) 制造设备和检查设备的持有情况 (2) 合适的质量管理体制和利用情况
⑥在完成生产方面的合作度	日常合作情况	(1) 在质量、价格、交付期方面的合作度 (2) 在提高市场调查、VE、材料效率方面的综合合作度
⑦经营情况	日常的经营活动以及经营数值的分析	财务情况 (1) 收益性 (2) 安全性 (3) 生产率
⑧经营者的解决方法	经营者的信念、动机、计划性等	(1) 社会评价 (2) 事业规划能力 (3) 自我开发、身心健康程度、接班人的教育情况
⑨VE 评价	全年对 VE 活动的贡献度	(1) VE 提案件数 (2) VE 提案的采纳件数、影响金额、影响效果 (3) 提案的新意（专利件数）
⑩产品质量情况	(1) 日常的接收检查情况，制定不良对策的情况 (2) 提升质量管理系统水平	(1) 接收不良率 (2) 投诉件数 (3) 合作度 (4) 质量水平的难易度
⑪综合评价	经营理念、企业活力、从业人员的资质能力	(1) 合作伙伴的实力 (2) 外销能力（成本、技术能力）

B-10 物流成本分析

定义 分析要采购的零件与材料；分析产品在公司内、外的流通成本。

用途 1. 降低物流成本 2. 加快流通速度 3. 减少零件、产品的库存 4. 提升 CS 5. 缩短交付期

解说

1. 物流的种类

（1）采购物流：制造商采购原材料和零件的物流。

（2）公司内部物流（生产物流）：从接收零件开始，经生产工序，再到入库的物流。

（3）销售物流：从产品出库开始，经销售公司，再到交付于顾客的物流。

（4）回收物流：由于要回收容器、退货、废弃物等，从顾客返回制造商或者专业人员的物流。

2. 物流的构成

（1）运输：在物流网点，主要是公共空间中移动货物的活动。

（2）工序间搬运：在生产车间和配送中心内部的物品移动。

（3）保管：自动仓库、旋转架、货架上的物品保管。

（4）装卸：卡车装卸、仓库内部搬运、保管场所的划分、出入库作业等。

（5）包装：保护产品的包装、方便装卸的组合式包装、区分不同商品的包装。

（6）仓库管理：库存量、发货量、发货日期等，对商品数量的管理。

（7）流通加工：在流通过程中进行的加工和装配作业。例如：制造商将自行车零件运往销售公司仓库，在仓库内装配为完成品，再运往零售店。

3. 物流成本项目

（1）参与与物流相关的管理的人员（作业人员、管理者）的开支（狭义）

（2）由于保管、搬运、运输等造成的折旧费

（3）与物流相关建筑、空间费用（租金）

（4）与物流相关的场所的照明费、动力费

（5）与物流相关的机器的维修费

（6）与物流相关的财产保险

（7）公司的包装设计费、材料费、加工费

（8）委托外公司的运输、搬运费

（9）委托外公司的管理、装卸费

（10）接收委托业务所涉及的人工费及其他

4. 物流成本的分析步骤

（1）制作对象工序的流程图

（2）设定物流成本消耗单位：每个产品、每 N 个产品或每个包装

（3）分析每个搬运批次的货物尺寸、载重率、搬运距离、搬运时间、装卸次数、保管率等

（4）分析包括空置、空箱搬运等损耗在内的实际成本

（5）比较实际成本和理想成本（零损耗）

另：在当今的物流管理中，信息处理的过程越来越重要，因此还必须分析信息处理的成本。

B-11　接线表分析（From-To Chart）

定义　在车间作业中将前道工序和后道工序的关系定量化，明确工序间相互关系的分析方法。

用途　1. 提高设计效率　2. 缩短活动路径　3. 提高空间利用率　4. 减少半成品库存　5. 提高设备效率　6. 规划布局　7. 解决小团体活动主题

解说

1. 工序种类

（1）流水车间（Flow Shop）

按产品的加工顺序配置工序和设备，使产品和设备相对应，确保除修理、重制外不会出现反流现象。因

为，原则上生产管理只需管理好初始工序和最终工序就可以了，所以管理比较容易。

（2）车间作业（Job Shop）

设备按照目的原则被放置在不同的设备群，与产品不对应，人也不得不穿梭在设备之间，逆流现象经常发生。生产管理要在设备群或设备间分别实施，所以管理复杂。

2. 接线表的绘制步骤（参照下表）

（1）按布局顺序在横轴和竖轴上标上工序（设备）。

（2）将从小编号到大编号的工序作业流程称作正流，反之则称作反流。

（3）在 From 和 To 交汇的方框里写上总计搬运距离或搬运重量。 总计搬运距离（m/日）的计算公式如下所示：

每次搬运距离（m）×每日搬运次数

接线表的形式

后道工序 To / From 前道工序	①	②	③	④
①		20		
②			15	
③				25
④	25			

（4）正流写在斜线上侧，反流写在斜线下侧。

（5）着力使总搬运距离和总搬运重量接近编号大的工序，以缩短搬运距离和时间。

3. 接线表实例（设备 C1、C2 出现反流现象）

单位：m/日

To From	设备A1	设备A2	设备B1	设备B2	设备C1	设备C2
设备A1		40	60		80	
设备A2				80		100
设备B1					120	
设备B2						140
设备C1				40		40
设备C2			40			

B-12　流动量分析

定义　分析开发周期及连续生产情况下每天的半成品数量。

用途　1. 减少在制工序的数量　2. 缩短开发周期　3. 实现工序同步化

解说

1. 绘制流动量图表（也称作每日生产管理图）

（1）竖轴表示数量，横轴表示日期，制作图表。

（2）合计每天来自前道工序的接收量，并记入图中。

（3）合计每天送往后道工序的发送量，并记入图中。

（4）休息日没有接收量和发送量的变化，所以为平行线，可不写。

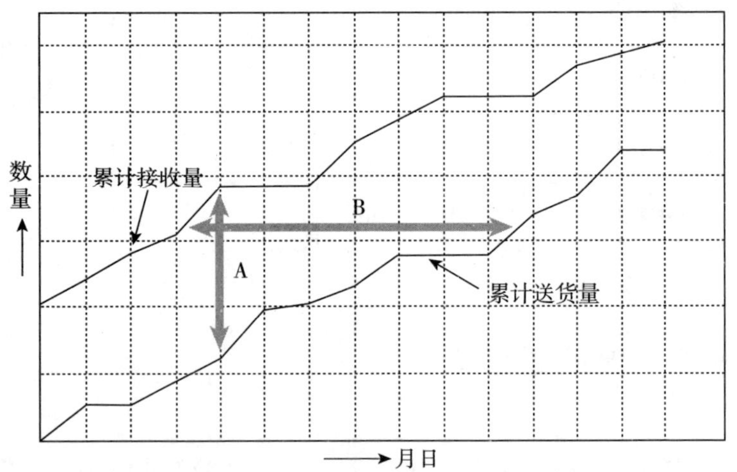

2. 图表的读法

（1）A 表示该工序当日半成品的数量，是当天累计接收量减去累计发送量所得之差。

（2）B 表示该工序的生产周期是同一坐标轴上累计

接收量与累计输出量之差。

（3）一个月中，A_1B_1 的平均值分别代表平均半成品数量、平均生产周期。

3. 图表的应用实例

流动量曲线是适用于有投入和产出情况的图表。

（1）零件的接受、付款业务

（2）间接材料、消耗品的接收与付款业务

（3）生产数量、完成数量（包括次品数量）的管理

（4）设计图的件数管理

（5）剩余发货材料的管理

（6）工业用水等能源数量管理

（7）产品库存量管理

（8）质量保障的认定，试制品处理件数管理

（9）夹具、PM 预备品管理

（10）小团体活动提案，实施件数管理

B-13　布局综合评价法

定义　分项目，对同一议题下的几份方案进行定量分析的方法。

用途　1. 评价、选择布局方案　2. 拟定布局方案的指导方针　3. 从多个方案中评价、选择最优方案

解说

评价步骤（由专业人员组成的小组进行评价）

（1）围绕同一课题制定多个布局方案。 制定方案的目标不同，对各方案的评价也会不同。

（2）设定多个与课题相对应的评价方案。

（3）以百分比的形式表示各评价项目与主题的对应关系。

（4）在布局方案，记录每个评价项目的距离、费用、效果等内容。

（5）为每个评价项目评分，满分为 10 分。

（6）将重要度（W）和得分（S）相乘，得出评分。

（7）每个项目的评分总计即为该方案的评分。

（8）归纳总结决定采用的方案，并整理成最终的实施方案。

评价项目	W	布局方案 A			布局方案 B			布局方案 C		
		费用最低			重视未来的扩展性			物流活动线路最短		
		内容	S	评分	内容	S	评分	内容	S	评分
空间	10	500 ㎡	7	70	600 ㎡	4	40	450 ㎡	9	90
物体的活动线路	10	250m	5	50	200m	8	80	160m	10	100
人员的生产率	8	直接人员 10100 个/人、日	4	32	直接人员 9110 个/人、日	8	64	直接人员 10100 个/人、日	4	32
费用	8	50M ¥	10	80	70M ¥	8	64	75M ¥	6	48

（续表）

评价项目	W	布局方案 A			布局方案 B			布局方案 C		
		费用最低			重视未来的扩展性			物流活动线路最短		
		内容	S	评分	内容	S	评分	内容	S	评分
扩展性	5	下期扩展费用为0	1	5	下期扩展费用为0	10	50	下期扩展事项还需进一步研究	7	35
合计				237			298	采用。但费用须控制在70M￥以下		305

B-14　工作抽样法（WS：Work Sampling）

定义　由总观测次数与各个项目的观测次数之比，推测各项目的大小。实际上，主要是通过眼睛对正在作业的观测对象做瞬间观测。

用途　1. 了解作业人员的操作情况和机械的运转情况　2. 整备和延迟的比率　3. 找出空置原因　4. 设定标准时间、利润率、运转率等　5. 计算间接业务的业务比率

解说

1. 工作抽样法的步骤和分析要点（参照下页图）

2. 用具说明

（1）制作观测用纸

A：预备观测时事先印刷各项目，正式观测时用正字表示次数。

时间＼对象	作业中	善后	调试	打扫	商讨	去卫生间	休息
8:08	///	/	/				
18	//		//		/		
25	///				/	/	

不需要作判断，观测进行的快，观测项目过多不便于找出项目

B：按顺序记录每次观测的项目，并在各项目栏中记录发生频率。

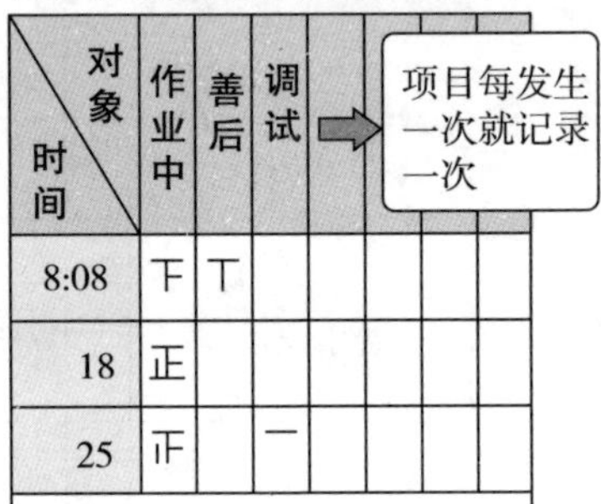

时间＼对象	作业中	善后	调试				
8:08	下	T					
18	正						
25	下		一				

每次都记录项目比较困难，不同的观测人员对项目的判断也会有差别

工作抽样法的分析步骤

分析要点

1.正式观测前，先提前观测，求出发生比率，以决定真正观测时的次数

必要抽样数（观测次数）N的计算方法

$$N=\frac{4(1-C)}{m^2\times P}$$

P：预备观测时的发生比率

m：误差（通常为5%）＝100%－可靠度%

2.确定被观测者（物），准备观测板、观测用纸、去向明示板

3.确定观测时间

观测对象数量不同，每轮的观测时间也会不同，一般是在5～30分钟之间

若观测时间为固定的，则只能观测到定期发生的项目。为了避免此种情况的发生，应采用随机抽样的方法。（使用随机表更加便于观测）

定时观测实例

8:30　8:45　9:00　9:15　9:30

随机观测实例

8:08　8:18　8:25　8:33　8:44

4.根据本次观测的情况和观测对象的情况，将观测时间分为若干次

观测对象为人的情况下，可以让每位被观测人员带上蝴蝶结等标志，以便于观测。

5.总结分析结果，计算每个项目的发生比率

勿将环境条件不同的多个车间集中成一个单位进行计算。

（2）制作去向明示板（观测对象为人的情况下的必备用具）

观测对象可能会离席，因此可用事先制作的圆盘式明示板（钟表形式）记录离席去向（会议室、工具室、休息室等），确保每次离席去向与指针所指相一致，以便于观测。

（3）事先具体说明

观测对象是人的情况下，必须事先向被观测者说明目的和对应措施，以争取对方的合作。

B-15　ABC 分析法（PQ 分析法）

定义　将需要分析的项目按大小顺序排列，分为 A、B、C 三组，并分别分析各组特性的方法。只按大小顺序排列而不严格分成三组进行分析的 PQ 分析法、柏拉图等都属于类似方法。

用途　1. 购买管理　2. 材料管理　3. 设计生产方式　4. 搬运管理　5. 分析不良　6. 销售管理　7. 解决小团体活动主题

解说

1. 一般情况下的 ABC 分析对象因素

（1）产品种类（P：product）和生产数量（Q：quality）→也称作 PQ 分析。

（2）材料品种的累计数量和材料的累计使用金额。

（3）不良项目和不良发生件数的比率→也称作柏拉图。

（4）不良项目和不良发生金额的比率。

（5）产品种类和库存数量。

（6）产品种类和销售数量。

2. 绘制步骤（根据不同的产品种类设定并分析生产方式）（参照下页图）

（1）如下图所示将一个周期内不同种类产品的生产量按多少顺序进行排列。

（2）按生产数量的多少将其分为三组。

（3）生产量最多的 A 组产品是数量多品种少的生产小组。 基本在单一专用生产线上生产。

（4）B 组是数量居中种类居中的生产小组，基本在混合或混流生产线上生产。

（5）C 组是数量少种类多的生产小组，主要是采用少数人生产或单人生产的自给自足型的生产方式。

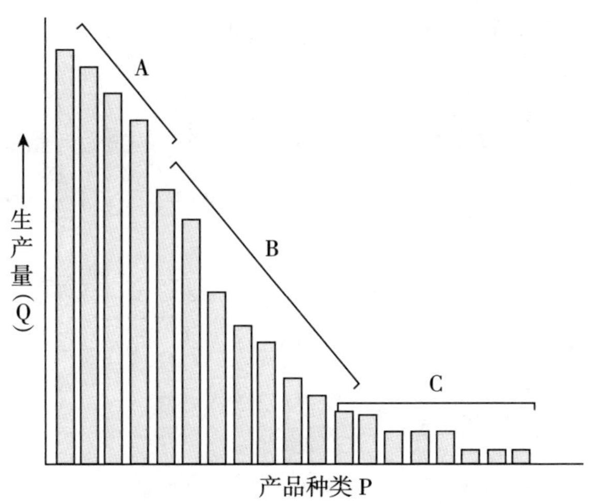

注：单一生产线：单种类生产

混合生产线：随着计划的变更有可能进行多种类生产

混流生产线：无计划变更也有可能经常进行多种类生产

3. 制图的注意点

（1）按不同的目的，竖轴的数值单位可以为年、期、月、周等。

（2）依据目的不同，横轴可以分为单一机种或者机械群。

（3）斜线倾斜度大，说明分析有效，斜线倾斜度小，说明分析效果不佳。

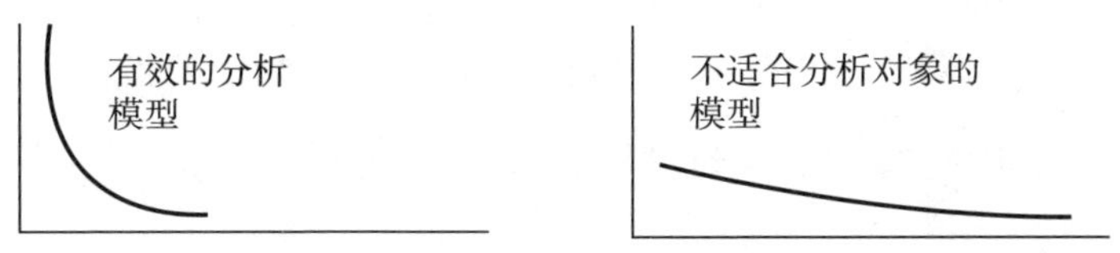

B-16 GT（Group Technology）法

定义 将零件分类集中，设计、生产准备、制造等各部门共同利用信息，实现同类项生产、同批次集中，并提高生产效率。

用途 1. 提高作业效率 2. 提高设备效率 3. 提高空间利用率 4. 减少半成品库存 5. 缩短管理时间

解说

1. GT 化的步骤

（1）利用现有图纸集中类似零件，编成同类项小组（GT 小组）。

（2）为各组零件分配能表示其特性的 GT 号码，即有具体含义，使零件特性一目了然的号码。

（3）根据不同的 GT 小组分别设定加工步骤和标准时间。

（4）根据不同的 GT 小组分别研究各自组内零件的形状、尺寸的标准化和统一化问题。

（5）在研究零件的标准化、统一化问题的同时，还需要研究施工方法的标准化、统一化问题。要修改已经制作完成的零件十分麻烦，因此 GT 化的要点就是在实现一定程度的标准化后，实现施工方法的标准化。如在加工多个直径不同的旋转轴时必须开发研制弹簧筒夹。

（6）通过上述的 GT 化过程，可以集中类似零件，开发生产管理方法，安排生产，实现大批量生产。

（7）GT 化的目的就是实现大批量生产，因此必须建立能够发挥大批量生产作用的生产线，在一定程度上实现从车间作业向流水作业转化的生产革新。

（8）GT 系统建立后，再建立控制新产品生产的体系。例如，建立 GT 零件展览室，新零件制作时的厂长批准制度等具有强制力的系统。

（9）仅依靠手工作业管理 GT 化的零件图会受局限，所以 CAD 化不可或缺。构建能连结 CAM（Computer Aided Manufacturing 自动加工）。

2. GT 化实例

生产直径相同但长度不同的旋转轴时，同一直径的旋转轴需统一生产配置。此种情况下，用同一张图纸记录会更加便利（也称作 ABC 图纸）。

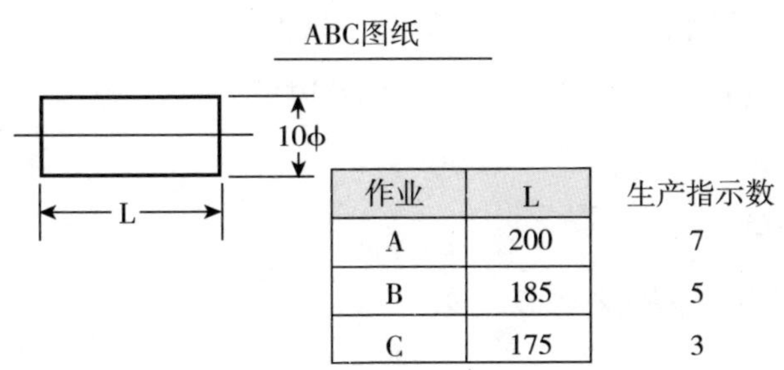

作业	L	生产指示数
A	200	7
B	185	5
C	175	3

图纸会重复使用，因此不要将生产指示数写在图纸上，而是应该填写至生产安排表中。一般的图纸规定是：若图纸上记录了生产指示数，那么一旦指示数发生变化，图纸编号也必须改变。

3. 设计阶段的 GT 化

在 CAD 日益普及的今天，与 CAD 图纸相比人们更愿意选择标准零件来配置能够自动设计的设备。

B-17　KT（工序时间）分析

定义　KT 是指标准产品在平均生产状态下，从第一道工序即投入生产材料到产品入库所花费的标准时间，KT 的设定受工序的制约。 也可以称作作业人员的标准时间或同级别、科学设定的开发周期。

用途　1. 设定物流的标准时间　2. 减少半成品库存　3. 缩短产品制作周期　4. 缩短顾客的交付期　5. 缩短采购零件的时间　6. 作业设计　7. 提升 CS、扩大销售　8. 缩短信息 KT（分析信息流程）　9. 提升质量（尽早把握质量信息、防止产品停滞过时）

解说

1. KT 的构成

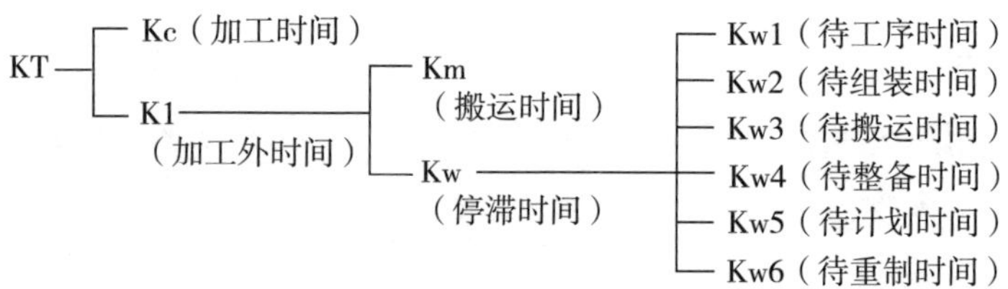

2. KT 构成项目的定义

（1）Kc（加工时间）：加工、装配、检查一个物品所花费的时间（包括装拆时间）

（2）K1（加工外时间）：加工时间以外的搬运、停滞时间

（3）Km（搬运时间）：包括装卸物品在内的搬运（移动）时间

（4）Kw（停滞时间）：作业时间内物品的停滞时间

（5）Kw1（待工序时间）：工序内因作业时间能力差以及班次差而产生的空置时间

（6）Kw2（待组装时间）：批量作业中，达到一定批量之前的等待时间

（7）Kw3（待搬运时间）：搬运间隔时间以及在达到一定的搬运量之前的空置时间

（8）Kw4（待整备时间）：切换品种而产生的内部待整备时间

（9）Kw5（待计划时间）：准备、善后、等待公用设备、计划在制等，因计划的不完备而产生的空置时间

（10）Kw6（待重制时间）：等待重制的时间

3. KT 的单位和对象时间

工序通常以分钟或小时为单位，统计产品时也会以天为单位。但由于 KT 是以作业时间为分析对象的，因此作业时间为 9 小时的情况下，9 个小时即为 1 天。

4. NT 的思路

KT 是从生产者的立场出发进行分析，即 9 个小时为

1 天，5 天为一周（周末休息两天），20 天为一个月；但 NT（Nonyu Time：交付时间）是从顾客的立场出发进行分析的，即 1 天 24 小时，1 个月 30 天。 除时间单位外 NT 和 KT 相同。

5. KT 的指标

①Kc 倍率：对应于加工时间 KT 的倍率 = KT ÷Kc。表示生产系统、管理等难度状况的指标，结果保留在两位小数之内为理想。

②KT 倍率：与工完（工序的实际完成时间）相比 KT 的倍率 = 工完 ÷KT。 KT 倍率是表示管理不完善的指标，1. 5 个字符以内为理想状态。

③KT 降低率：从时间序列上把握顾客的要求交付期与 KT（NT）的关系，设定 KT 的缩短目标，提升 CS。

B-18　SLP 法（Systematic Layout Planning）

定义　布局计划的基本方法。 可以解决从工厂设置这种基本计划到设备设置等多种布局课题。

用途　1. 工厂设置计划　2. 家具建材配置计划　3. 工厂布局计划　4. 车间布局计划　5. 设备配置计划　6. 事务室布局计划

解说

要点：严格遵守制订步骤，并进行定量化

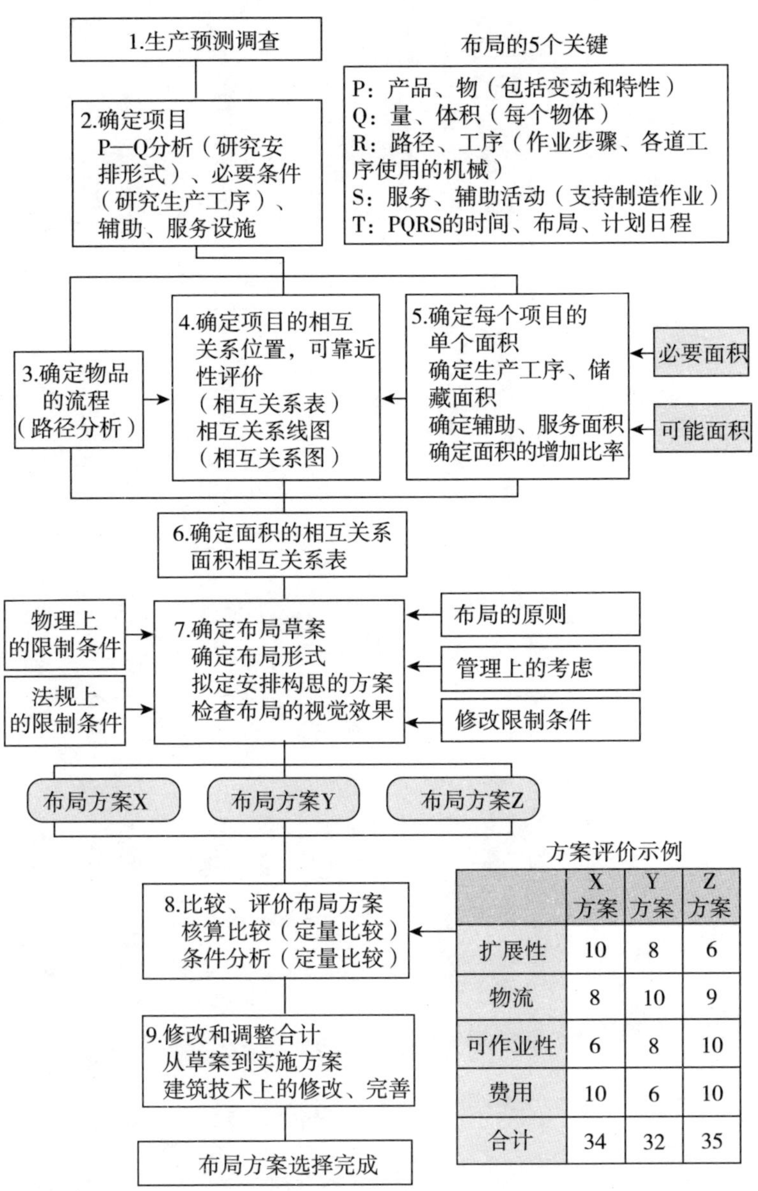

方案评价示例

	X方案	Y方案	Z方案
扩展性	10	8	6
物流	8	10	9
可作业性	6	8	10
费用	10	6	10
合计	34	32	35

（资料来源：《SLP工厂布局技术》，理查德·缪瑟著，十时晶译，日本能率协会出版）

C　设备分析方法

C-01　安全性分析

定义　对设备作如下分析：①是否能确保作业人员和他人的安全。②错误操作时，人员安全有无保障。③是否能保证零件产品不丢失。

用途　1. 提高设备运转率　2. 提高设备生产率　3. 减少不良产品　4. 预防灾害

解说

1. 基本理念：安全第一
2. 分析项目

分　析　项　目	判定
(1) 是否有安全装置 ①当出现异常情况时，设备能否立即停止运转? ②当出现紧急停止的情况时，设备能否进行安全操作? ③当出现停电等能源中断的情况时，空压、油压机器能否固定在原有位置，并进行安全操作? ④当出现停电等能源中断的情况时，设备是否会因重力原因不再启动? ⑤是否铺设了电源电路的地线? ⑥手动操作是否是一个开关控制一个操作，操作时设备能否启动?	
(2) 能否确保非稳定时间内（检修、调节、保养等）的安全 ①能否将机器从设备上卸下进行调节? ②能否确保检修、调节作业的所需空间? ③检修时是否安装了防止设备起动的联锁装置? ④多人作业时，是否安装了防止单人起动设备的联锁装置?	
(3) 是否完善了作业环境 ①是否确保作业时充分的照明、温度和湿度条件? ②从外部能否看见设备内部的构造、布局? ③是否准备了必要的防护设备? ④易脏位置的装置是否便于打扫? ⑤危险、有毒物品的使用是否符合法律法规标准?	
(4) 是否安装了防止静电灾害的装置 ①是否在易燃气体、易燃物质（金属粉、油布等）附近铺设了防止静电的地线? ②是否考虑到狭窄空间中人体和物质的静电反射作用，是否已确保预防静电装置以及安全空间? ③是否采取了保护半导体的预防静电措施?	
(5) 机械的运转范围内是否有人工作业 ①是否划分了机器人、组合装置等的动作范围和人工动作范围? ②在机器人、组合装置的动作范围内是否有斑马线形状的安全栏?	
(6) 布局是否安全 ①是否设置了安全通道? ②是否设置了零件、产品的运输通道和作业人员通道? ③是否设置并注明了紧急出口、避难通道? ④是否安装了紧急照明设备?	
(7) 是否制定了地震对策 ①能否应对地震带来的倒塌、破坏灾害? ②应对液体、气体泄露的紧急措施，即二次灾害预防工作是否完备?	

C-02 操作技能分析

定义 分析操作设备的技能（有效运用已掌握知识的能力:《韦伯词典》）水平。

用途 1. 提高设备运转率 2. 提高设备生产率 3. 减少不良产品 4. 预防灾害 5. 提高人员效率

解说

1. 操作技能分析示例

分析项目	分析内容	判定
①发现现象的注意力、觉察力	迅速发现异常现象的能力，如理解正常现象的能力，区分异常现象的能力，发现方法等。绝不允许散漫或懈怠的持续力。	
②正确判断现象的能力	在发现异常后能做出准确判断的能力，需要逻辑思维。判断日常生活中罕见现象的能力。	
③正确处理现象的处置力、行动力	拥有理性的思维方式，随时能够采取正确行动的能力。必须尽早做出判断并采取行动。	
④恢复到原状态的恢复力	正确掌握故障的情况、原因，短时间内做出无副作用再现性处理的能力。应急处理力，制定永久对策的能力。	
⑤防患于未然的预防力	充分理解预防故障的基础知识和预防故障的方法，掌握故障原因及防患于未然的能力。	
⑥预测现象的预知力	注意到故障的前兆、细微或异常的现象，追踪时间上的变化，提前预测故障的能力。	

2. 技能必备知识的分析示例

为了对抽象性的技能分析作以补充，需要对不同的技能知识进行具体的分析。

必 备 知 识	标准书	判定
①作业的关键处		
②判断基准		
③结果检查		
④设备规格（功能、尺寸等）		
⑤设备的起动原理		
⑥了解从起动原理到管理等方面的关键点		
⑦主要零件的功能和为维持功能所需的准确度		
⑧准确度的测试方法		
⑨零件的更换和检查方法		
⑩调节方法（整备、更换切割工具、更换零件材料）		
⑪控制方法和控制系统		
⑫区分和处理设备异常的方法		
⑬区分和处理不良产品的方法		

（资料来源：《新 TPM 展开计划加工装配篇》，日本工厂维护协会编写、发行）

C-03 干涉分析（机械干涉、人员干涉）

定义 通过多台设备作业员的作业时间与机器运转速度的关系，分析作业员或机器的闲置状态。

用途 1. 提高作业效率 2. 提高设备效率 3. 缩短 KT

解说

1. 机械干涉时间

作业人员一人同时负责多台设备的情况下，作业人员手工操作其中一台设备时，其他设备停止（或空转），即等待操作人员的时间。 每隔一定时间在各台设备间发生的干涉称作“定期干涉”；随机发生的干涉称作“不定期干涉”。 干涉量根据要操作设备的台数，设备停止期间的手工作业时间的长短，作业人员能力的不同会有所差别。 一般“定期干涉”会使用人机图表进行分析，而“不定期干涉”则使用概率法进行分析。

2. 人员干涉时间

作业人员负责多台设备的情况下，当作业人员的手工操作已全部结束而设备的自动加工还未完成时，作业人员等待设备完成加工的空闲时间。 此种情况下多使用人机图进行分析。

3. 分析要点

必须在最初状态和再次到达相同状态时分析人员和设备的关系。 有时需要进行数十轮的分析。

4. 分析实例

（1）人员干涉、机械干涉皆无

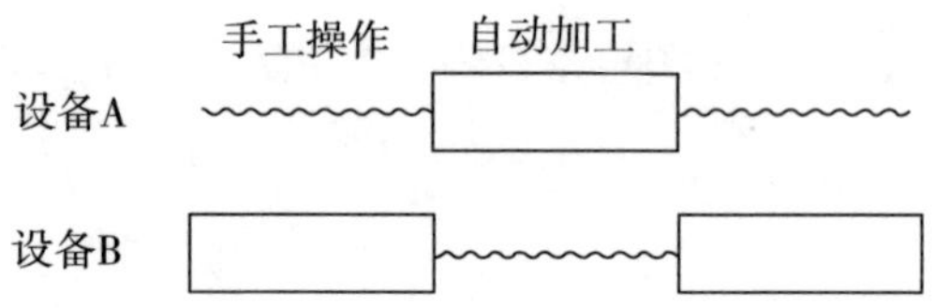

（2）无人员干涉、有机械干涉

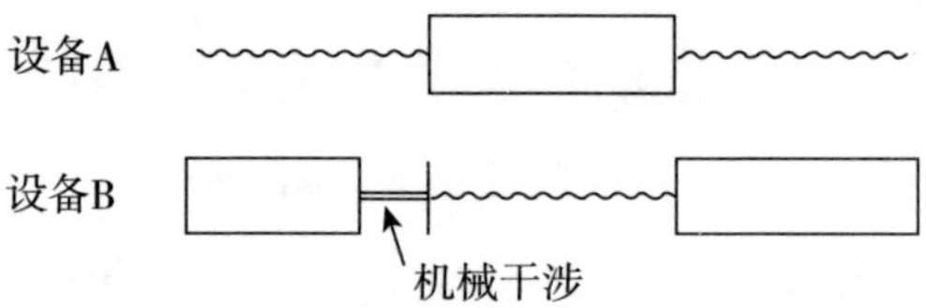

（3）有人员干涉、无机械干涉

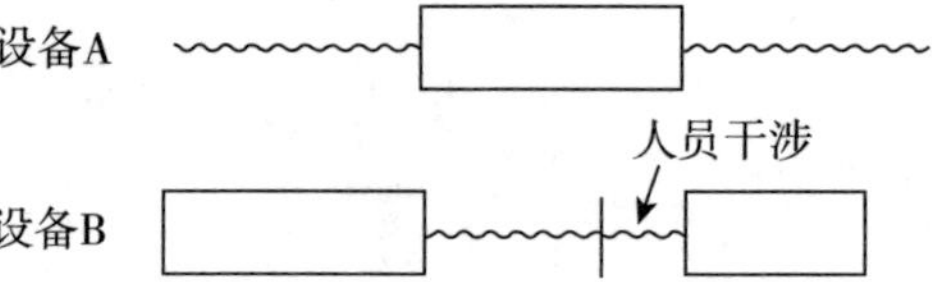

（4）人员干涉、机械干涉皆有

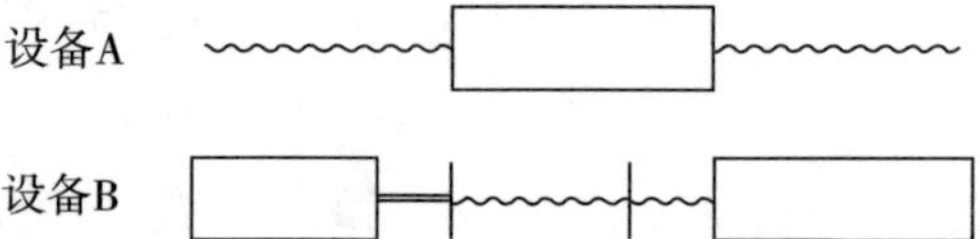

C-04　故障分析

定义　详细分析突发故障或慢性故障发生的场所、频率、停止时段、根本原因等。若能同时进行暂停分析，效果更佳。

用途 1. 提高设备运转率 2. 减少因设备导致的不良品 3. 增加无人运转次数

解说

1. 故障分析方法

分析方法	分 析 方 法
①贴附分析	分析人员经常性地靠近设备，分析现象和原因。
②由作业人员进行分析	设备操作人员在事先准备好的纸上记下每次故障内容及必要事项等。
③使用市场销售的运转率计算器进行分析	市场销售的计量器可以设置十数个故障项目。项目输入多为人工操作。
④使用内部制作的运转率计算器进行分析设置	根据本公司设备的实际情况制作运转率计算器，并将其设置在必备设备中。

2. 分析项目示例（参照下页表）

3. 数据管理

利用计算机制作每台设备的诊断记录，建立综合、科学的系统以解析故障的发生频率、发生位置、发生原因等。数据应保存在设备设计部门、制作部门、使用部门三者都能使用的系统中。

分析项目	分　析　内　容
①故障位置	具体分析故障发生的位置。制作一览表更加便于分析。
②设备停止时段	故障发生时间、开始运转时间、停止时间
③修理时间	开始修理时间、结束修理时间、修理所花费的时间
④故障划分	首次、第（）次再发
⑤保养检修规格	有没有进行维护
⑥现象	什么样的故障
⑦调查结果	详细记录
⑧故障原因	环境、零件、作业人员的活动
⑨修理内容	应急处理、永久对策
⑩防止再发对策	具体制定
⑪损失金额	修理费、减少的生产数量、出现不良、投入的零件和材料的损失、合计损失金额
⑫行动（措施）	联络设备制作部门、反映检修规格、对其他设备的改善内容、T、T的期限、责任
⑬发生故障时的作业人员姓名	姓名、从业年数
⑭MP设计登录	必要性
⑮其他	

（资料来源：《新TPM展开计划加工装配篇》，日本工厂维护协会编写、发行）

C-05 单位生产量分析（Through-put）

定义 通过改善设备指数和净时间以提高设备生产率的分析方法。

用途 1. 提高设备生产率 2. 降低设备采购价格 3. 降低成本 4. 缩短开发周期

解说

1. 提高生产量和总产量

（1）提高单位生产量

通过改善设备指数和净时间，提高消耗单位的生产能力。

（2）提高总产量

通过延长设备运转时间、增加设备台数或作业人员数量，提高生产能力。

从经营效益层面考虑，提高单位生产量自然十分重要，但有时为达到顾客所要求的数量还必须提高总产量。

2. 单位生产量分析

（1）MTP（Maximum Through Put：最大单位生产量）

现有指数下单位时间内合格品的理论数量

MTP（个/h）= 60 分钟 ÷指数（分/个）

数据的收集方法：

用秒表实际测试设备指数。

（2）ATP（Actual Through Put：实际单位生产量）

现有指数和生产方式下单位时间内合格品的实际数量

ATP（个/h）= 合格品完成数量（个/月）÷实际作业时间（h/月）

数据的收集周期日、月均可，但以月为周期准确度更高。

（3）MTP 比率

ATP 与 MTP 的比率

MTP 比率（%）= ATP ÷MTP ×100

MTP 比率表示故障、暂停、整备、准备、善后、空转等设备不运转时间的长短。

3. 提高单位生产量的对策

（1）提高 ATP：详细分析故障、暂停、整备、准备、善后、空转等导致设备不运转原因的发生位置、发生时间、发生原因，明确问题后再实施改善。

提高单位生产量的概念图

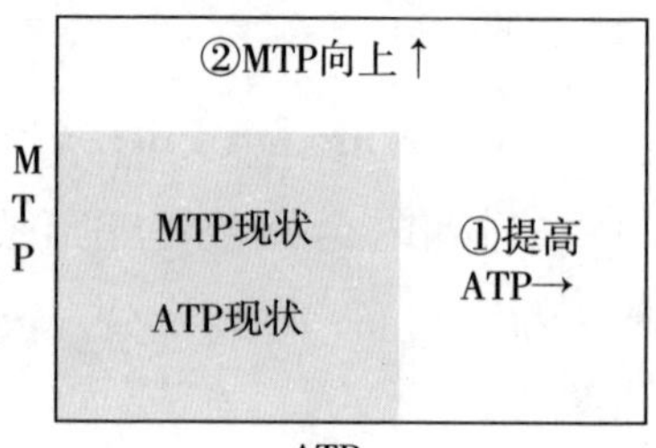

（2）提高 MTP：通过彻底分析人机图和机械图，实施改善，以提高指数，增加加工工时，连接各工序等。

C-06 设备运转分析

定义 分项分析设备效率及阻碍设备发挥效率的因素。

用途 1. 提高设备运转率 2. 降低因设备导致的不良品数量 3. 减少设备台数（控制新设备的采购）

解说

1. 设备运转时间的构成

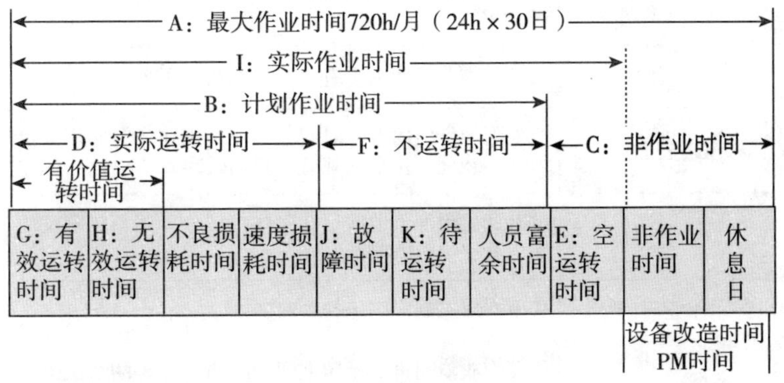

2. 用语的定义（参照下页表）

3. 设备运转率指标

（1）设备作业率（%）= B：计划作业时间/月 ÷A：

最大作业时间 ×100

（2）设备运转率（%）= D：实际运转时间/月 ÷（I：实际作业时间/月−E：空运转时间/月）×100

（3）设备实际效率（%）= D：实际运转时间/月 ÷ I：实际作业时间/月 ×100

用语	用 语 说 明
A：最大作业时间	一个月内的最大可能作业时间
B：计划作业时间	生产计划中希望设备运转的时间
C：非作业时间	生产计划中设备不需要运转的时间
D：实际运转时间	设备在实际指数下的运转时间
E：空运转时间	制造方式上，运转和停止没有对应生产计划，设备被迫处于运转状态的时间（设备虽然正常运转但没有进行生产）
F：不运转时间	设备在作业时间内没有生产（运转）的时间
G：有效运转时间	产生附加价值的运转时间（将不良操作的时间用来进行加工、装配、化学处理、检查的时间）
H：无效运转时间	没有产生附加价值的运转时间（工作和工具的移动、拆卸、真空吸引的时间）
I：实际作业时间	从生产形态到实际运行的时间
J：故障时间	从发生故障到再次运转之间的时间（暂停的情况下用停止次数平均停止时间的公式进行计算）
K：待运转时间	设备功能以外（设备正常）的原因导致的等待运转时间

（续表）

用语	用 语 说 明
K1：准备时间	设备运转前的必要的启动、停止时的准备、善后时间
K2：整备时间	停止运行设备，为更换品种而进行的更换夹具、切割工具的时间
K3：等待作业人员的时间	因设备人员负责多道工序、多台设备，设备等待作业人员的时间
K4：等待加工品的时间	设备等待加工品的时间
K5：附带作业时间	停止运行设备进行日常检修、碎屑处理、质量确认、更换使用期限已过的工具等
K6：动力中断时间	从外部能源中断（停电、停水）到恢复正常的时间
不良损耗时间	生产不良的损耗时间=指数不良数量
速度损耗时间	比计划速度慢的实际指数损失=指数差生产数量
人员富余时间	为获得作业ST（作业时间）内的富余时间，设备不运转的时间
设备改造、PM时间	

（4）设备有效运转率（%）=G：有效运转时间/月÷D：实际运转时间/月×100

（5）故障率（%）=J：故障时间/月÷I：实际作业时间/月 100

（6）作业速度率（%）=计划指数÷实际指数 100

（7）最终合格品率（%）=最终合格品数量（首次生产即合格的产品）/月÷生产数/月×100

C-07 设备可靠性分析（MTBF，MTBA，MTTR）

定义 分析设备故障及暂停的方法。评价系统和信息的可靠性。

用途 1. 提高设备运转率 2. 提高设备可靠性 3. 提升 PM 技能 4. 解决小团体活动主题 5. 评价系统的可靠性

解说

1. MTBF（Mean Time Between Failures）：故障平均间隔时间

在处理由设备引起的大规模暂停时，手工作业的平均时间间隔。

（1）时间 MTBF（单位：分钟）

$$MTBF=\frac{总运转时间}{因故障导致的手工处理的次数}$$

总运转时间＝作业时间－不运转时间

因故障导致的手工处理的次数＝故障总次数

分子、分母的单位同为月、周、日。一般多以月为单位。

（2）周期 MTBF（单位：周期）

MTBF 为 60 分钟的情况下，10 秒为一个周期的设备会循环 360 次；10 分钟为一个周期的设备会循环 6 次，通过周期评价所得可靠性就为 60：1。因此若设备一次作业的周期为 1 分钟以下的情况下，采用周期 MTBF 分析更便于理解。

$$\text{MTBFcyc}=\frac{\text{MTBF（分钟）}}{\text{作业周期时间（分钟）}}$$

（3）生产线 MTBF

由各工序所连接的生产线的 MTBF。

$$\text{生产线 MTBF}=\frac{\text{总运转时间}}{\text{因工序故障导致的手工处理的总次数}}$$

2. MTBA（Mean Time Between Assist）：平均辅助间隔

由设备及零件导致的小规模停止中，手工作业的平均时间间隔。

$$\text{MTBF}=\frac{\text{总运转时间}}{\text{因暂停导致的手工处理的次数}}$$

总运转时间=作业时间-不运转时间

因暂停导致的手工处理的次数=暂停总次数

MTBA 和 MTBF 的时间单位相同。

3. MTTR（Mean Time To Repair）：不可能操作的平均时间=故障修理平均时间

故障修理所需的平均时间代表了设备的可维护性和维护设备所需的技术能力。

$$\text{MTTR}=\frac{\text{总故障时间（月）}}{\text{故障次数（月）}}\quad\text{（单位：分钟）}$$

MTBF、MTTR 作为可靠性技术方法得到了广泛应用，同样也可以将其应用范围扩展到对软件、硬件系统的可靠性评价中。

C-08　采购设备目的分析

定义　通过正确把握设备采购的目的，以购买与目的完全相符的设备。 通过再次确认设备必要性，以达到提高资金效率的目的。

用途　1. 采购与目的相一致的设备　2. 尽早开发设备　3. 降低采购成本

解说

1. 设备采购目的的多样化

过去企业采购设备的主要目的是降低制造成本，实现生产合理化。 近年来，除了提高企业的生产力外，维护企业环境等外部压力也使得企业采购设备的必要性不断增强。 在此背景下，采购合乎目的高效益低成本的设备就成为摆在企业面前的一大课题。

2. 设备采购目的的分析（参照下表）

3. 采购设备只是一种方法

设备计划部门和设备设计部门很容易会将采购设备看成目的。但采购设备只是一种方法，切勿忘记采购设备的真正目的。

4. 设备采购的思路

选择坚船利炮似的具有强大功能的设备，还是选择功能较小的设备经常是困扰企业的问题。因此必须要明确关于设备功能的理念，即生产设备对应的是小功能设备群，而环境设备的处理功能应该较强，并且要将这一理念作为企业战略贯彻下去。

采购目的	内　容	采购方针
①表面上看人工难以完成的作业	从第一步开始，人工就难以完成的加热、生成等化学加工作业。多见于半导体作业中。	专业制造商的技术更为领先，因此相比于自主开发，应该更多地应用专业制造商的技术。
②准确度上人工难以完成的作业	从第一步开始人工就难以完成的精确到微米的加工作业。多见于半导体作业中。	专业制造商的技术更为领先，因此相比于自主开发，应该更多的应用专业制造商的技术。
③合理化（缩短 L/T)	自动化过程中为缩短生产周期（L/T)，常会伴有提高生产速度、连接工序、外部订货等改善活动。	与设备功能、性能计划相比，拟定面向整个企业的长期经营计划更为重要。

（续表）

采购目的	内　容	采购方针
④合理化（降低成本）	自动化过程中为降低成本，会减少多岗作业的作业人员数量或实现无人化作业。	通过自主开发拉开与其他公司的差距实现无人化运转，设备的高信赖度是关键。
⑤合理化（国外差别化）	为了和低工资国家在成本上进行竞争，必然要实现产品开发的自动化、无人化。	开发其他企业难以企及的高技术产品，尽早自主开发人机联动系统。
⑥缩短劳动时间	自动化过程中为实现机械代替人工作业，减少人员劳动时间，与投资效益相比应优先考虑经营战略。	将经营战略放在优先位置，即明确追求的是生产据点再建立和成本上的胜负，还是技术上的胜负。
⑦青年劳动力不足	自动化过程中为了应对青年劳动力不足的现状，与投资效益相比应优先考虑经营战略。	从目前的产品发展周期和下一期的产品战略出发考虑生产系统、生产据点的建立。有时需要外部采购。切勿忘记自动化只是一种手段。
⑧应对老龄化	自动化过程中为应对伴随老龄化而来的精力、体力的衰退问题，与投资效益相比应优先考虑经营战略。	
⑨熟练工人不足	自动化过程中为解决熟练焊接技术的工人不足的问题，与投资效益相比应优先考虑经营战略。	
⑩改善车间环境、安全对策	自动化过程中为废除 3K（脏、累、危险）车间、激发劳动热情、提升企业形象，需优先考虑经营战略。	切勿局限于眼前的投资利益，而应从长远利益考虑，优先建立适用于本公司的经营战略计划。因此为配合产品战略和销售战略，需研究自动化和无人化。
⑪保护地球环境、法规对策	自动化过程中为应对 ISO14000 环境管理标准等外部环境的变化，需优先考虑经营战略。	

C-09 设备 DR（Design Review）

定义 设备 DR，执行于组织、计划阶段，是指在开发或引入新设备时，确认开发，引入计划的稳妥性，确认机器功能、性能、经济性、安全性、信赖度、操作性、安全性等诸项条件，以便提前消除可能在计划、设计、制作、启动各阶段产生的问题，达到购买高效率设备的目的。

用途 1. 提高设备运转率 2. 提高设备生产率 3. 降低不良品数量 4. 防止灾害 5. 提高人工效率 6. 降低设备 LCC（Life cycle cost 全寿命周期管理）成本

解说

1. DR 的步骤（参照下页表）

2. DR 的成员

设备设计部门、使用部门、产品设计部门、IE 部门、VE 部门（必要时可考虑设备制造商）的管理者或负责人。 由设备设计部门的科长负责 DR 的召集和推进工作。

3. 落实 DR

（1）将 DR 系统作为公司的规章制度固定下来，使实施这一系统成为一项义务，并定期对其进行评价。

（2）公司高层和设备设计部门负责人的现场指挥必

不可少。

（3）向公司高层汇报 DR 结果，并由设备展示 DR 结果。

（4）使其成为产品认定、安全认定的总系统。

DR 的步骤

步骤	审查对象文件	审　查　内　容
DR1 构思设计审查	（1）生产条件 （2）基本计划书 （3）构思图 （4）报价单 （5）主要设备说明书 （6）制造商报价单 （7）产品目录等其他技术资料	（1）检查产品开发与销售计划间的匹配关系，检查技术实现性。 （2）围绕产品必须满足的产品的要求规范、质量水平、合理化人员等基本目标与其实现手段的稳妥性以及与产品寿命的对应性、生产设备的多用性进行的审查。
DR2 中间设计审查	（1）基本规范书 （2）合同 （3）初始条件协议书 （4）设备功能图 （5）构思设计的变更	（1）审查设计说明书的各项要求、操作性、安全性是否符合要求。 （2）对检查体制、生产准备、设备模型等产品与生产匹配的具体方面进行检查。
DR3 最终设计审查	（1）装配设计图 （2）程序图 （3）布局图 （4）工程规范书 （5）书面批准 （6）机器发货一览表 （7）日程表	与构想设计目标相比，审查达成度、操作性、安全性。
DR4 设备认定	（1）设备现货 （2）试运行报告书 （3）安全认定书	为了使设备适用于生产，实施最终检查。与构想设计目标相比，审查实际达成度。

C-10 可操作性分析

定义 分析设备的构造是否方便作业人员操作。明确设备构造应达到的目标是人操作设备而不是设备操作人。

用途 1. 提高设备运转率 2. 提高设备生产率

解说

1. 基本理念：设备以人为本

2. 分析项目

◎符号表示改善方向（设备应方便作业人员操作）

分 析 项 目	判定
1. 设备是否是为方便作业人员的使用而设计的	
(1) 是否还存在投进、拿出等单调作业装置	
◎设备应调动作业人员的作业积极性。	
◎设备应充分发挥作业人员的技能。	
(2) 装置是否考虑到了作业人员的作业姿势	
◎设备构造不应让作业人员长期保持不舒服的姿势。	
◎作业高度适中。实现标准化、规格化。	
(3) 作业人员的移动面是否有高度差	
◎统一设备间的作业高度。实现标准化、规格化。	
(4) 作业人员使用的工具是否得心应手	
◎钳子等安装工具的操作要简单。	

(续表)

分析项目	判定
◎手工工具的重量、力量适中。	
◎操作盘、把手等大小适中。	
(5) 是否根据作业人员的能力相应地设定了设备的运行速度	
◎作业人员在每次作业结束时按开始键即可。	
2. 操作是否变得简单	
(1) 作业人员的移动距离是否缩短	
◎设备的布局应与作业人员的移动距离相适应。	
◎零件应配置在作业人员的活动范围内。	
◎启动开关、紧急停止开关应设置在易于作业人员操作的位置。	
(2) 运行操作是否简单化	
◎除日常操作的开关外，简化掉仪表盘上的所有开关。	
◎启动、停止、恢复等所有操作都一步到位。	
◎设置既能查看各组设备情况也能进行操作的操作开关。	
◎按操作顺序配置操作开关。	
(3) 操作仪表盘是否实现标准化	
◎实现操作仪表盘大小、配置标准化。	
◎在图形仪表盘中，机器配置和开关配置相一致。	
◎统一开关、指示灯的颜色。	
◎用图形文字表示仪表盘以迅速掌握设备的功能。	
◎状态监控时使用不同的颜色、记号、闪烁灯，以迅速判断设备的正常、异常情况。	
(4) 装置是否能迅速对设备故障做出判断	

（续表）

分 析 项 目	判定
◎安装能够迅速判断出是操作终止，还是设备故障等异常现象的装置。	
◎注明异常情况的对应措施。	
(5) 装置是否不接受错误操作	
◎采用二重启动方法，铺设联锁装置电路。	
(6) 操作机器的排列是否符合人工力学	
◎阀门、测量仪器等的操作要简单易懂。	
◎为了看清每一个作业动作，仪器要安装在显眼位置。	
◎条件设定型的机器安装在便于操作的位置。	
3. 是否明确作业人员应具备的能力、资质	
(1) 是否培养了能够掌握该设备操作技能的作业人员	
◎根据技能和判断力标准等挑选作业人员（采用认证制度）。	
(2) 是否详细说明了设备的功能	
◎说明机种变更、变换作业等操作上的事项。	
◎说明电路、设备构造、维护等必要事项。	
(3) 是否实施了基础培训	
◎开展机械、电气、产品质量的基础培训。	
◎提前对操作人员进行动机形成的培训。	

C-11 整备分析

定义 按照时间流程，分析变换品种时，整备作业的内容，并将时间、工具、理由等记录在时间表上以进行分析的方法。

用途 1. 实现均衡化生产 2. 提高设备效率 3. 提高作业效率 4. 减少半成品库存 5. 解决小团体活动主题

解说

1. 整备作业的分类

（1）内整备：停止运行设备（设备作业），或者中断生产（手工作业）进行的整备作业。

（2）外整备：设备运转过程中（设备作业），或者生产过程中（手工作业）进行的整备作业。

2. 分析步骤

（1）进行整备分析时，从设备运转率提高，单位生产量提高等效果明显的内整备着手的话，效果更明显。

（2）采用作业分析法和动作分析法分析从整备开始到整备结束的作业，并用时间图进行归纳总结，明确作业顺序、内容、时间上的联系。

（3）若将作业内容分为准备、更换、调节三个部分则改善效果明显。

（4）多人同时进行整备作业时，切记分析每个作业人员的作业和均衡损耗。

（5）现有品种和下一次作业品种的关系变化会导致

整备时间的变化，因此分品种进行分析十分必要。而且还会出现 A 品种→B 品种和 A 品种→B 品种的整备时间各异的情况，因此必须采用矩阵式分析方法。

3. 整备时间实例

作业顺序	作业名称	手工作业时间（分钟）		划分			作业时间（单位：分钟）
			累计	准备	更换	调节	0 5 10 15 20 25 30 35 40 45 50
1	清洁模型	3.0	3.0	○			
2	拧松2枚上型螺丝	0.5	3.5		○		
3	拧松4枚下型螺丝	1.0	4.5		○		
4	从冲床上取下模型	2.0	6.5		○		
5	将取下的模型装至推车中	1.0	7.5	○			
6	在冲床上固定下一个模型	3.5	11.0		○		
7	拧紧4枚下型螺丝	1.0	12.0		○		
8	拧紧2枚上型螺丝	2.0	14.0		○		
9	供应材料	2.5	16.5			○	
10	试冲压	2.3	18.8			○	
11	在投影机上测试产品	5.2	24.0			○	
12	调节不合适的地方	2.5	36.5			○	
13	再次试冲压	2.0	38.5			○	
14	在投影机上测试产品	4.5	43.0			○	
15	如果OK即可投入生产	0.2	43.2		○		
16	将前一个模型放置在模型放置处	5.5	48.7	○			

4.整备时间矩阵图实例（单位：分钟）

列举该设备（作业）中的所有对象品种，制作包括现有品种和下期品种在内的矩阵图，分别分析和记录各自的整备时间并将其作为管理和改善工序的资料。

现有品种＼下期品种	A	B	C
A		20	25
B	10		30
C	35	20	

C-12　暂停分析

定义　分析设备故障之一的暂停故障的发生次数、时间并找出其发生原因。 暂停是指设备因暂时的故障停止运转或者导致空转，但在简单的操作之后（消除故障原因，重启）就会恢复正常。

用途　1. 提高设备运转率　2. 降低因设备导致的不良产品数量　3. 加大无人运转的次数

解说

1. 暂停的分析方法

暂停的特点是设备会快速恢复正常，生产线也不会长时间停止。 因此作业人员往往会忽视该种故障而放任不管。 实际上暂停故障会减弱设备功能，增加作业人员数量，增多工时。

另一方面，因为暂停是由多种原因叠加所导致的，很难进行正确分析，所以为制定灵活的对策，必须彻底分析暂停的发生位置和发生现象。

分析方法如下所示。方法（1）（2）在分析时会花费一定的时间，所以要提前把握问题现状。

（1）贴附分析

分析人员（最好为技术人员）要经常靠近设备，并详细分析现象和原因。

（2）由作业人员进行分析

作业人员事先将各种现象编号，记录恢复次数。

（3）使用市场销售的暂停计算器进行分析

市场销售的运转率计量器可设定从数个到数十个的项目。安装此种计量器，记录暂停次数。

（4）使用内部制作的暂停计算器进行分析

自主研发能将感应器附着在暂停处的运转率计算器。

注：使用运转率计算器的目的不是获取数据，而是减少暂停（故障）的发生次数，因此其具有通用性。计算器不必一直安装在某台设备上。一旦达成了目的，就可以再安装到其他设备上。

2. 暂停指标（参照 C-07 的 MTBA 项）

$$\text{MTBA（分钟）}=\frac{\text{总运转时间}}{\text{因暂停导致的手工操作次数}}$$

3. 暂停分析实例（电子零件设备）

设备	生产数量	运转时间	暂停内容次/月（　）为%			MTBA
			运送不良品	降低不良品	合计	
A	11252	9500 分钟	312（2.8）	165（1.4）	477（4.2）	19.9 分
B	12360	9650 分钟	105（0.8）	96（0.8）	201（1.6）	48.0 分

C-13　可维护性分析

定义　分析设备的构造是否方便作业人员进行维护。明确设备构造应达到的目标是人操作设备而不是设备操作人。

用途　1. 提高设备运转率　2. 提高设备生产率

解说

1. 基本理念：快速、方便、安全的维护

2. 分析项目

分　析　项　目	判定
（1）维护条件是否简单	
①加油、加润滑油的位置是否设计在设备的外部？	
②同一种类的配管、配线的颜色是否统一？	

（续表）

分析项目	判定
③是否在控制零件、终端布线、配管上附有与图纸相对应的牌子？	
④是否在加油、加润滑剂的位置标注了材质名称和保养周期？	
⑤是否安装了透明罩确保从外部观测到装置内部的检修位置？	
⑥固定透明罩的装置是否是不倒翁闩装置？ 螺旋不倒翁闩+锁销构造 螺旋 → 不倒翁闩+锁销构造 拆卸时，提起透明罩，从大圆中拔出锁销即可	
⑦能否通过分单元化分解只需分解的部位？	
⑧温度控制位置是否使用了保温玻璃以进行目视化管理？	
⑨接线部分是否是采用锡焊设计（插入式、搭接式等）？	
⑩在有方向性的更换零件中，是否安装了禁止逆向组装的除错设计？	
⑪是否安装了可迅速查看V形传送带磨损情况的标记？	
⑫是否采用了足迹管理法以管理维护用具？	
⑬是否实现了必要工具的专用化和简单化？	
⑭是否事先在使用场所放置了更换频率较高的零件？	
⑮是否单独准备了检修维护所必需的油压组合？	
（2）装置是否不需要再进行调节	
①是否只需要根据作业高度使用垫圈，而不需要使用切割工具来进行高度调节？	

(续表)

分 析 项 目	判定
②通过插入式构造、三边基准面设定、单方向调节、固定、定位分离等方法，在产品使用期限内是否不再需要进行调节？	
③通过使用测微器、秤盘、量规、制动器是否在切换零件后不再需要进行调节？	
(3) 零件、工具的数量是否是最少	
①是否灵活使用了市场销售的维护零件？	
②维护设备的工具数量是否是最少？	
③专用工具是否为具有两面功能的复合型工具？	
④为减少工具数量，是否实现了螺丝、零件尺寸的标准化？	
(4) 垃圾、污渍等是否极少出现	
①设备的构造能否防止润滑油飞溅？	
②是否会由于多余的罩子而导致垃圾堆积？	
③通过使用合金轮钢能否实现污渍位置的一键更换？	
④能否实现污渍部分的最小化？	
(5) 能否用数字化表示设备加工条件	
①温度、速度、流量等数据的上限、下限、实际值是否一目了然？	
②是否由非人工来测试加工条件？	
③加工条件的数字化表示是否设置在显眼的位置？	
④是否注明了数据的校正期限？	

C-14 机械图分析

定义 分析设备各装置相互间的动作，解析动作内容、动作顺序、动作时间之间的关联性。

用途 1. 提高设备单位生产量 2. 提高设备可靠性 3. 缩短设备的设计周期 4. 降低设备采购成本

解说

1. 机械图的制作方法

分析设备各装置在时间上的运行情况，并用图表表示。

采用秒表法或 VTR 法测试时间经过。

在设备设计阶段，将设计值记录至图表中，再进行分析研究。

图表化的方法通过

（1）作业人员和设备两者间的时间经过

（2）不同设备的时间经过

表示。

注意事项：

（1）最少制作一个完整的周期。 一个周期是指时间上设备回到初始状态。

（2）使用方格纸，明确表示时间轴。

（3）根据不同的要素装置等级进行分析。

（4）要清楚地表示每个要素装置的操作顺序。（一个动作连接到多个动作的情况或相反的情况）

（5）多台机械运行的情况下，要清楚表示各机械间的运行关系。

（6）可参考物流分析法、工序流程分析法。

2. 机械图制作实例

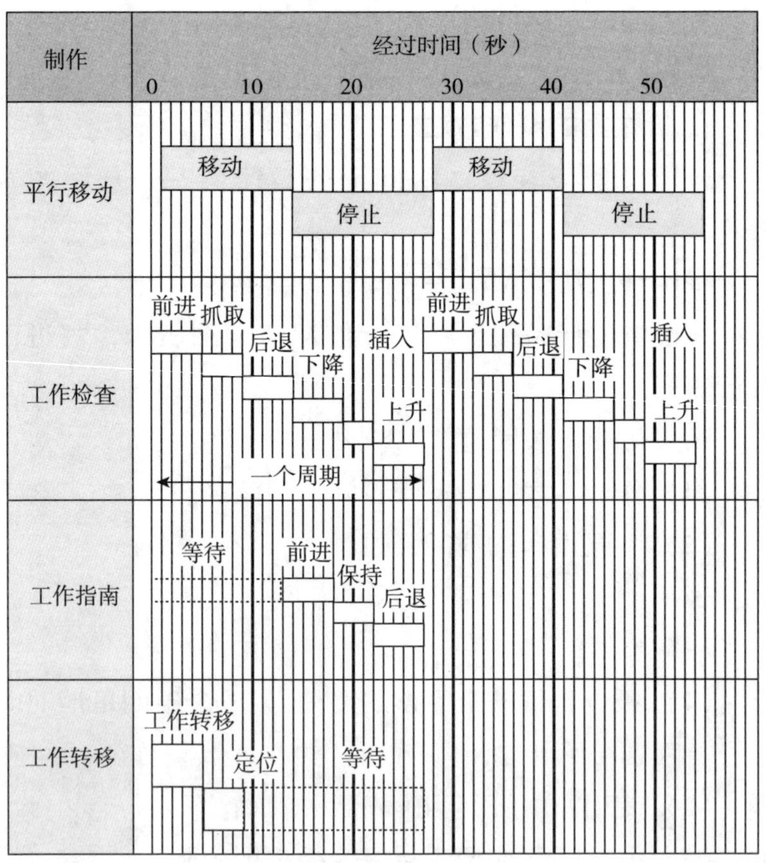

C-15　无人运行分析

定义　分析设备无人运转的情况和阻碍运行的要素。 利用人机图分析作业人员参与度与时间的关系。

用途　1. 提高设备的无人运行率　2. 减少作业人员数量　3. 延长设备运转时间（夜间无人操作）　4. 减少设备数量（控制新设备的购买）

解说

1. 设备运转时间的构成

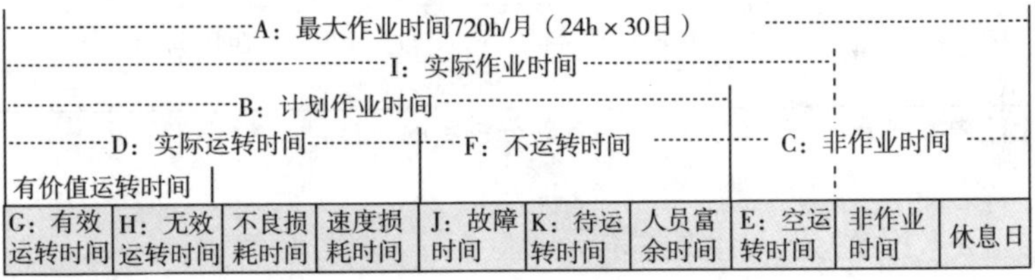

A：最大作业时间720h/月（24h×30日）

I：实际作业时间

B：计划作业时间

D：实际运转时间　F：不运转时间　C：非作业时间

有价值运转时间

G：有效运转时间	H：无效运转时间	不良损耗时间	速度损耗时间	J：故障时间	K：待运转时间	人员富余时间	E：空运转时间	非作业时间	休息日

用　语	用　语　说　明
A：最大作业时间	一个月内作业时间的可能最大值
B：计划作业时间	生产计划中希望设备运转的时间
C：非作业时间	生产计划中设备不需要运转的时间
D：实际运转时间	设备在实际指数下的运转时间
E：空运转时间	制造方式上，运转、停止没有对应生产计划而被迫处于运转状态的时间（设备虽然正常运转但没有进行生产）
F：不运转时间	设备在作业时间内没有生产（运转）的时间

（续表）

用　语	用　语　说　明
G：有效运转时间	产生附加价值的运转时间（将不良操作的时间用来进行加工、装配、化学处理、检查的时间）
H：无效运转时间	没有产生附加价值的运转时间（工作和工具的移动、拆卸、真空吸引等时间）
I：实际作业时间	从生产形态向实际运行的时间
J：故障时间	从发生故障到再次运转之间的时间（暂停的情况下用停止次数、平均停止时间的公式进行计算）
K：待运转时间	设备功能以外（设备正常）的原因导致的等待运转时间
不良损耗时间	生产不良品的损耗时间＝指数×不良数量
速度损耗时间	比计划速度慢的实际指数损耗＝指数差×生产数量
人员富余时间	为获得作业 ST（作业时间）的富余时间，设备不运转的时间

（上述内容部分转载了 C-06“设备运转分析”的内容）

2. 设备无人运行指标

指　标	内　容	计算公式（单位：分钟）
① MTBF：Mean Time Between Failures 故障平均间隔时间	处理较大规模的停止（故障）时间	$\frac{\text{B 操作时间/月－F 不运转时间/月}}{\text{处理故障的次数/月}}$
② MTBA：Mean Time Between Assist 辅助平均间隔时间	处理较小规模的停止（暂停）时间	$\frac{\text{B 操作时间/月－F 不运转时间/月}}{\text{处理暂停的次数/月}}$
③ MTBM：Mean Time Between Material Handling 材料管理平均间隔时间	处理因设备设计（零件供应、产品排出容量、检查、整备）导致的故障时间	$\frac{\text{B 操作时间/月－F 不运转时间/月}}{\text{由于设计引起的作业次数/月}}$

（续表）

指　标	内　容	计算公式（单位：分钟）
④ MTBO：Mean Time Between Operation 操作平均间隔时间	评价设备整体的可靠性、无人化等级的时间	$\frac{\text{B 操作时间/月}-\text{F 不运转时间/月}}{\text{处理所有故障的次数/月}}$
⑤ MTTR：Mean Time To Repair 故障修理平均时间	表示设备可维护性和设备保养技术能力，即平均每次故障修理时间	$\frac{\text{J 故障时间/月}}{\text{故障次数/月}}$
⑥ MTMH：Mean Time Material Handling 材料管理平均时间	评价因设备设计原因导致的无人化等级的平均每次材料管理时间	$\frac{\text{材料管理时间/月}}{\text{由于设计引起的作业次数/月}}$
⑦ OLORatio：Operator-less Operation Time Ratio 无人操作时间率	直接表示无人运转等级的指标，用时间率表示无人运转的指标	$\frac{\text{无人运转时间/月}}{\text{B 作业时间/月}}$ （%）
⑧MUORatio：Multi Unit Operation Time Ratio 多台设备时间率	一人操作几台设备的指标，实现无人运转的辅助指标	$\frac{\text{B 作业时间/月}\times\text{台数}}{\text{作业时间/月}\times\text{作业人员}}$ （%）

C－16　CT（Cycle Time）、MT（Machine Time）分析

定义　分析 CT（机械+人工的形成的一个周期）和 MT（机械的一个周期）的方法。分析过程中要使用人机图。

用途　在以机械作业为主（或者无人工序）的工序中进行　1. 生产管理　2. 成本管理　3. 作业改善

解说

1. CT、MT 的构成

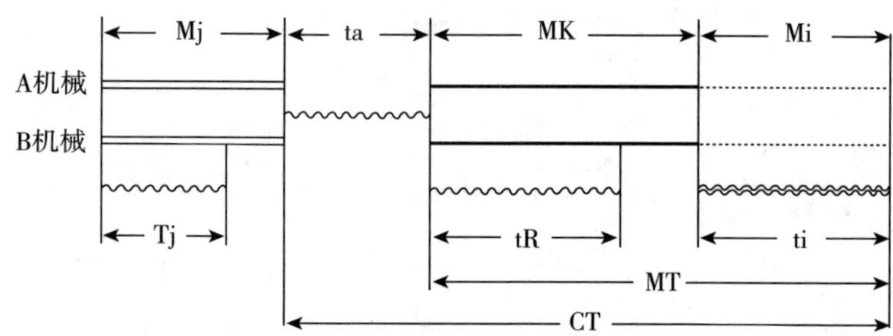

2. 用语说明（参照下页表）

3. 与 TT（流水时间）的关系

TT 是指一个产品生产完成到另一个产品生产完成的间隔时间。

下图所示为无人多台设备的情况

1 — 2 — 3 — 4 — 5

1分　1分　1分　1分　1分

MT=1分 × 5=5分
TT=1分

另：在计算成本时，有时会视MT=TT

用语	符号	说　明
①MT：机械时间	▬▬……	MK+Mi
②Mi：机械空置时间	▬▬……	(1) 流水作业：由于MK或tR的不平衡而产生的机械空置时间 (2) 车间作业：由于MK、ta和tR的不平衡产生的机械干涉时间
③MK：自动加工时间	…………	不需要作业人员的无人加工时间
④ta：内整备时间	▬▬▬	在作业人员停止运行机械期间内的作业时间（更换切割工具、装卸零件等）
⑤tR：外整备时间	∿∿∿	机械运行中作业人员的作业时间（检查零件、改装零件等）
⑥CT：循环时间	∿∿∿	MT+ta
⑦Mj：机械准备时间	∿▬…	机械自身进行的预热、自动整备、自动加油等非周期性的机械准备时间
⑧Tj：准备作业时间	═══	作业人员进行的整备、供应零件、保养检修等非周期性的机械准备时间
⑨ti：人的空闲时间	∿∿∿	(1) 流水作业：受机械制约，作业人员的空闲时间 (2) 车间作业：机械干涉时间

4. 运用管理上的注意点

在运用生产管理、成本管理时需根据各自目的灵活运用MT、CT、TT。

C-17　LCC（寿命周期费用）分析

定义　分析设备（系统）在整个寿命周期内所花费的费用。同样可以用于比较有关设备投资和维护费等多个方案的经济效益。

用途　1. 降低采购设备的费用　2. 降低设备维护费　3. 从经济效益出发对多个方案进行选择

解说

1. LCC 的定义（美国预算局）

LCC（Life Cycle Cost）是指大型系统中在有效预测期内的直接、间接、再发、非再发费用以及其他相关费用，它包括在设计、开发、生产、作业、维护、支援过程中产生的费用以及预测产生的总费用。

2. LCC 的构成

LCC＝初期费用（原价费用：IC）+运行费用（运行费用：RC）+废弃费用

费用划分	内容	项目	成本划分
①初期费用	购买设备时产生的费用	1. 设计费（外包设计费） 2. 制作费（外包加工费） 3. 安装、调节、启动费用	折旧费
②运行费用	运行、维护设备时产生的费用	1. 运行人员开支 2. 能源费 3. 更换零件费 4. 维护（PM）费	直接、间接劳务费 动力照明费 机械修理费

（续表）

费用划分	内容	项目	成本划分
③废弃费用	废弃设备时产生的费用	1. 解体费 2. 拆除费 3. 搬运费	固定资产流失

3. LCC 缩小化的思路

所谓的设备投资效率是指用初期投资额来评价投资效果。如果无视设备运转时发生的故障停止或者由整备、准备而导致的停止，就会造成运转费用的增大。从产品成本角度考虑，好的设备是指 LCC 小的设备，所以在企划、设计阶段应以 LCC 的缩小化为目标。

4. 评价 LCC 经济效益的实例

A、B 两家公司对同一设备进行报价，A 公司的报价为 1000 万日元，B 公司为 700 万日元。此种情况下能否因 B 公司的报价低 300 万日元就选择 B 公司？下表所示内容不仅包括购进设备的费用，还包括了运行劳务费、动力费、维护费等内容。

项目	A 公司	B 公司
①设备采购费用	1000 万日元	700 万日元
②运行维护费	300 万日元/年	600 万日元/年
③使用年限	5 年	
④计算利率	10%	
⑤年价比较	563.80 万日元	784.66 万日元
⑥现价比较	2137.3 万日元	2974.6 万日元

注：年价、现价的比较以经济工程学为依据。

通过上表对 LCC 的比较可以发现，年价和现价两方面都是 A 公司更占优势。

参考文献

《新版、经济工程学基础》，千住镇雄、伏见多美雄著，日本能率协会经营中心出版

C-18　MP 设计

定义　维护员（或者操作员）收集、整理日常 PM 技术的改善信息，并重新总结这些信息，将其运用到新设备的可靠性、可维护性的设计活动中。

用途　1. 提高设备可靠性　2. 提高设备可维护性　3. 提高设备可操作性　4. 降低设备采购价格　5. 提高设备运转率　6. 减少因设备原因导致的不良品数量　7. 降低设备维护费用

解说

1. MP（Maintenance Prevention）的定义（日本工厂维护协会编《PM 用语集》）

在计划和制造新设备时，要考虑到可维护信息和最新技术，设计出可靠性高、可维护性好、经济效益高、可操作性良、安全性高的设备，减少维护费用和老化损失费用。

2. MP 设计的必备信息（设备操作、保修问题的表面化）

信息种类	信 息 内 容
①设备改善记录	改善位置、改善理由、改善前后的内容、效果、费用
②故障修理记录	故障位置、发生频率、故障内容、修理内容、效果、费用
③暂停修理记录	暂停位置、发生频率、内容、修理内容、效果、费用
④定期调整记录	调整周期、内容、问题、调整时间、内外整备、费用
⑤清扫困难位置记录	问题位置、改善前后的内容和时间、效果、费用
⑥检修困难位置记录	问题位置、改善前后的内容和时间、效果、费用
⑦操作困难位置记录	问题位置、改善前后的内容和时间、效果、费用
⑧整备困难位置记录	问题位置、改善前后的内容和时间、效果、费用
⑨不良品出现记录	不良项目、发生频率、不良数量、改善前后的内容、效果、费用
⑩安全对策记录	问题位置、改善前后的内容和时间、效果、费用

3. 信息系统的建立（制作记录，确立易于使用的系统）

（1）记录用纸标准化（记录项目统一，记录内容标准化）

（2）编码体系化（索引、提取信息简单化）

（3）纳入全公司的信息系统（电子化、网络化）

（4）纳入设备 DR 系统（防止 MP 信息遗漏，设备设计标准化）

（5）与设备制造商之间的协调（确立面向设计商、制造商，使用部署的 MP 信息路径）

（6）在购入规范书、设计基准上的反映（修改规格、检查目录）

4. 可维护性检查目录实例

NO.	项目	着眼点和检查内容
1	是否采取了防止螺丝变松的措施	是否使用了防松螺母、弹簧垫、防松剂
2	焊接强度是否足够	堆焊是否充分，要特别注意切削、焊接部分
3	缓冲装置是否有效	是否有影响零件寿命的冲击发生，减震器是否发挥作用并得到有效控制
4	零件是否完成了精加工	比较图纸，判断是否因精加工不够引起了接缝或松动等不良情况
5	定位方法是否有效	能否通过定位锁、镶嵌等方法达到再现性

（以下省略）

（资料来源：《TPM 展开程序》，中鸠清一主编，日本工厂维护协会编，日本能率协会出版，P254）

C-19　PM 分析

（P＝Phenomena：现象、Pyhsical：物理、M＝Mechanism：机械装置、Machine，Man，Material）

定义　特性要因图不能充分地确认和分层现象，也不能充分地解析现象，为了弥补特性要因图的这一缺点，PM 分析法便应运而生。PM 分析法可以包含慢性损耗降低的所有要因。

用途　1. 针对慢性损耗制定对策　2. 改善设备的细微缺陷　3. 针对产品的故障制定对策　4. 针对不良品制定对策　5. 提高新产品开发过程中的可靠性　6. 提高经营资源（人、设备、物、信息）质量

解说

1. PM 分析的步骤（设备）

（1）调查设备装置、构造：彻底调查对象设备的装置和零件的功能。

（2）明确现象：研究现象的出现形式、状态、发生位置、机种间的差别，并对现象的形态进行分层分析。

（3）从物理方面阐明现象：客观解析现象，从原理方面进行说明。例如：物体表面出现刮痕的现象是由于

物与物的接触，还是由于冲击产生的细微的物理反应。这种构思的必要性基于以下理由：

①把握现象的方法不同，指出要因的方法也会发生变化。

②经过理论思考可以建立一个不会遗漏任何因素的体系。

③可以避免仅凭主观感觉进行判断和决定。

（4）现象的成立条件：若能完整地总结各个条件，就能无一遗漏地整理出所有发生的事例。

（5）研究设备、人、材料、方法之间的关联性：研究条件成立所必需的设备、夹具、材料、作业方法等。列举所有存在因果关系的要因。

（6）研究调查方法：为调查列举出各要因中不合适的情况，必须研究具体的调查方法、测试方法、测试范围。

（7）指出不适合的地方：基于实际调查的结果，列举出所有的异常、细微缺陷等不合适的地方。

（8）实施改善：针对指出的不合适拟订改善方案，并以此为根据实施改善工作。

2. PM 分析实例（以设备为例）

<table>
<tr><th rowspan="2">现象</th><th rowspan="2">物理表现</th><th rowspan="2">成立条件</th><th rowspan="2">与设备、材料、夹具的联系</th><th colspan="4">调查结果</th></tr>
<tr><th>基准值</th><th>实测值</th><th>修正值</th><th>对应</th></tr>
<tr><td rowspan="6">平行度不良</td><td rowspan="6">加工物的安装面和磨石的加工面不平行</td><td>1. 磨石加工面和回转台的顶面不平行</td><td>回转台顶面和整修工具左右移动的平行度</td><td>难以确定</td><td>0. 03 mm/50mm</td><td>0. 005 mm/50mm</td><td>0. 005 mm/50mm 追加基准值</td></tr>
<tr><td rowspan="5">2. 加工物的安装面与回转台的轴心没有呈直角放置</td><td>①回转台顶面的偏差</td><td>0. 01 mm</td><td>0. 007 mm</td><td>OK</td><td></td></tr>
<tr><td>②回转台顶面的平行度</td><td>0. 02 mm/m</td><td>0. 012 mm</td><td>OK</td><td></td></tr>
<tr><td>③回转台顶面的刮痕</td><td>禁止</td><td>0. 01mm 凸起</td><td>修正</td><td></td></tr>
<tr><td>④回转台顶面和加工物安装面之间的垃圾</td><td>禁止</td><td>无</td><td>OK</td><td></td></tr>
<tr><td>⑤加工物安装面的垫圈</td><td>禁止</td><td>无</td><td>OK</td><td></td></tr>
</table>

（资料来源：《不二越的 TPM》，不二越编，日本工厂维护协会，1986，P116）

D　作业、事务分析

D-01　活性指数分析

定义　物体从静止到移动所需的操作称作“作业”，物体移动的难易程度称作“活性”。 对“作业”进行的分析就是活性指数分析。

用途　1. 提高作业效率　2. 缩短 KT　3. 提高空间利用率　4. 提高设计效率

解说

1. 物体的放置方法和活性指数间的关系（参照下页图）

2. 分析实例

活性指数分析法不是分析某一单一工序，而是分析从初始工序到最终工序的整条生产线，以实现整体最优化。若同时记录了改善后的活性指数则更加便于理解。

活性指数	工程										
	材料仓库	➡	机械A	➡	机械B	➡	机械C	➡	机械D	➡	装配
4		○						●○		○	
3		●									
2				○							
1						○				●	
0				●		●					

物体的放置状态	说明	操作动作				作业数目	活性指数
		集中	搬运	升起	移动		
散放在地上	零散地放置在地板、台子、货架上	○	○	○	○	4	0
集中在箱子中	集中放置在集装箱、箱子、带子中，或成捆放置	×	○	○	○	3	1

（续表）

物体的放置状态	说明	操作动作				作业数目	活性指数
		集中	搬运	升起	移动		
托盘上	放置在托盘、滑动垫木、垫木上，以便迅速升起	×	×	○	○	2	2
推车中	放置在移动推车中	×	×	×	○	1	3
移动中	放置在传送带或流槽上	×	×	×	×	0	4

注：活性指数也可以像4、3、2、1、0这样反向使用。

D-02　微动作单位分析（Therblig Analysis）

定义　将所有种类作业中相同的基本动作分为18项，即为动作分析的单位。由美国的吉尔布雷斯（F. B. Gilbreth）夫妇在1868—1924年提出，并将姓氏逆向拼写而命名此法，即为Therblig。

用途　1. 改善动作　2. 改善作业　3. 提高作业效率　4. 解决小团体活动主题

解说

1. 微动作分析实例（组装两个零件。 符号省略）

NO.	左手	略语	NO.	右手	略语
1	伸向零件 A	TE	1	伸向零件 B	TE
2	抓取零件 A	G	2	抓取零件 B	G
3	移动零件 A	TL	3	移动零件 B	TL
4	放置零件 A	P	4	等待零件 A 放置完成	UD
5	固定零件 A	H	5	定位至零件 A	P
6	固定零件 A	H	6	装配至零件 A	A
7	放下零件 A	RL	7	放下零件 B	RL

2. 微动作单位符号

NO.	名称	略语	符号	说明
1	寻找 Search	SH		转动眼珠寻找物品
2	发现 Find	F		眼睛发现物体时的样子
3	选择 Select	ST	→	指向选择的物品
4	空转 Transport Empty	TE	◡	空器皿的样子
5	抓取 Grasp	G	∩	手抓取物体的样子
6	移动 Transport Loaded	TL		物体放在器皿中的样子
7	定位 Position	P	9	物体放置在指尖的样子

(续表)

NO.	名称	略语	符号	说明
8	装备 Assemble	A	⌗	装备后的样子
9	使用 Use	U	⋃	杯子向上放置的形状
10	分解 Disassemble	DA	⧺	零件组装完毕后抽出一部分的样子
11	放手 Release Loaded	RL		器皿倒置的形状
12	检查 Inspect	I		镜片的形状
13	准备 Preparation	PP		保龄球球拍竖立的形状
14	固定 Hold	H		磁铁吸附物品的样子
15	延迟（不可避免） Unavoidable Delay	UD		人被绊倒的样子
16	休息 Rest	RE		人坐在椅子上的样子
17	故延（可避免） Avoidable Delay	AD		人睡觉的样子
18	计划 Plan	PN		人用手托住脑袋思考的样子

D-03　作业熟练度分析

定义　在工种转换、多工序作业时，经验不足者或者新人会因为操作不熟练而导致作业效率低下。但随着作业时间的不断增加，作业人员会逐渐熟练操作，效率也会有所提升。 作业熟练度分析就是分析经验不足的作业人员在获得足够的经验以及在达到作业标准时间之前所需时间的方法。

用途 1. 设定熟练期 2. 设定生产计划中的人员参加率 3. 提高作业效率 4. 实现作业效率管理 5. 计划人员配置 6. 指导作业

解说

1. 由于作业的难易程度和经验程度的不同，熟练期的划分也有所不同，因此可以将数据分成不同级别根据不同的作业来分别分析、设定熟练期。

2. 熟练度分析的步骤

（1）设定对象作业，调查作业人员的经验程度

（2）自作业开始日起分析每天的实测时间

（3）运用 WF 法、基准表等设定标准时间

（4）比较标准时间和实测时间，计算能力比

（5）用统计图表示能力比和天数间的关系

（6）运用最小乘积法设定熟练度的一般公式

（7）以月为单位计算熟练率平均值

（8）设定能力比（熟练率）、熟练时间

注：WF：参照 Work Factor（D−25）

3. 分析实例（大批量装配作业）

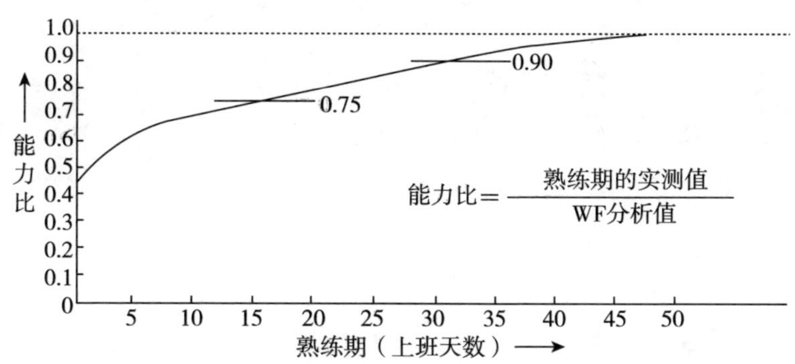

结合分析结果进行设定

时间（年月）	熟练率
一个月	75%
两个月	90%
三个月	100%

4. 熟练期的思路

由于实际数据是从作业期间中获得的，因此按一周休息两天计算一个月的测试时间为20天。但必须注意的是熟练周期中的一个月指的是日历上的一个月。

5. 熟练率

表示未熟练期间作业人员的工作效率的用语由于企业的不同而不一样，有“参加率”、“熟练率”、“熟练系数”等叫法。请选择适合于自己公司的用语。

D-04　作业效率分析

定义　依据不同内容，对于作业效率及阻碍效率的损失因素进行分析。

用途　1. 提高作业运转率　2. 减少因作业导致的不良　3. 减少人员数量

解说

1. 作业运转时间的构成

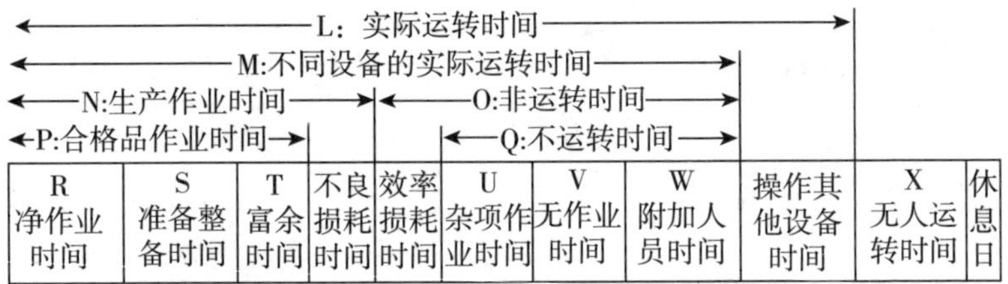

2. 用语的定义（参照下页表）

3. 作业效率指标

（1）作业运转率（%）$= \dfrac{\text{ST}\times\text{合格品完成数量/月}}{\text{M}-\text{Q}}\times 100$

（2）作业实效率（%）$= \dfrac{\text{ST}\times\text{合格品完成数量/月}}{\text{M}}\times 100$

M：操作不同设备的实际时间/月

Q：不运转时间/月

注：一人或几个人一整天只从事了一项作业时，“M：不同设备实际运转时间”是该项作业中设备的实际运转时间，与其余设备的运转时间或者作业人员操作此项作业以外其余设备的操作时间无关。

用语	用语说明
L：实际运转时间	包括提前生产或额外加班的时间，去除迟到、早退的时间
M：不同设备的实际运转时间	多台设备、多工序的情况下，操作对象设备的时间
N：生产作业时间	在合格品数量难以把握的生产（或检查）中，生产(或检查合格品与不合格品的时间)。生产 ST× 生产数量
O：非运转时间	管理者、作业人员的原因导致的推迟作业的时间
P：合格品作业时间	在包含有 ST 的作业中生产合格品的时间。生产 ST 合格品数量
Q：不运转时间	管理者的原因导致的推迟作业的时间（不能进行 ST 作业的时间)
R：净作业时间	ST 内从事主要作业的时间
S：准备整备时间	为了净作业而必需的准备时间，事后处理时间及更换时的准备时间（原则上包括含在 ST 内的时间)
T：富余时间	ST 内的车间、作业、个人、疲劳富余时间
U：杂项作业时间	管理者的原因导致的非 ST 作业时间（原因另计)
V：无作业时间	管理者的原因导致的不能进行任何作业的时间
W：附加人员时间	实际生产中配置的工作人员比原计划要多，多出的人员的工作时间即为附加人员时间。例如计划工时为 3.3 人，但安排了 4 人的情况下，该项即为 0.7 分的时间

（续表）

用语	用语说明
X：无人运转时间	不需要作业人员的无人作业时间。（虽然不属于作业时间，但因为与设备时间有联系，所以附带此项）
不良损耗时间	生产次品的时间，次品返工的时间等不良合计时间
能率损耗时间	比工厂标准速度慢，休息时间过长等由于作业人员的原因导致的损失时间
操作其他设备时间	多台设备、多工序的情况下，作业人员操作对象设备以外的设备所花时间

D-05 作业分析（时间研究：Time Study）

定义 为确定某个特定作业的最优方法和标准时间，运用秒表等进行分析、测试、记录的方法。时间研究法由泰勒（F. W. Taylor）提出，是了解作业所需时间的首要方法。

用途 1. 设定 ST（标准时间） 2. 设计作业 3. 改善作业 4. 提高作业效率

解说

1. 作业分析步骤

（1）确定观测作业和被观测者（标准作业人员）。这里所说的“标准作业人员”是指使用标准方法、付出标准努力、以标准速度进行作业并且能够熟练操作的人员。

（2）记录作业人员的姓名、材料、切割工具、工具、夹具等分析的前提信息。

（3）遵循动作经济原则改善作业，确定标准作业方法。

（4）测试并记录运用了标准作业方法后，各要素作业的所需时间。

（5）使用平均法从每个要素作业的观测时间值中计算出测试值，并合计各要素的测试值。

（6）对作业者的作业速度进行评级，修订测试时间值以作为净时间。

（7）在净时间的基础上加上富余时间，设定为标准时间。（富余时间的设定省略）

2. 作业分析方法的种类

（1）直接时间分析方法

直接观测作业人员作业时间的方法。其中最为典型的就是秒表法（参照 D-09）。秒表的计算为十进制。

运用 SW 法时必须要分级（参照 D-22）评价作业人员的努力程度和作业进度，因此要获得可靠的数据，观测者必须熟悉分级法。

（2）PTS（Predetermined Time Standard System）

也称作预测时间法、既定标准时间法。不需要秒表即可对作业标准时间进行设定的间接时间测试法之一（参照 D-23）。

PTS 法不需要直接测试时间。PTS 法将人的作业分解成基本动作，并事先准备图表，根据动作的性质和条件设定时间值，分析人员只需对照此表进行观测即可。PTS 法的代表方法是 WF 法、MTM 法。以下是 PTS 法的主要特点：

①作业分析时不需要分级。

②在设定时间之前可以进行作业改善。

③作业方法即使发生变化也很容易重新改订时间。

3. 作业分析的注意点

作业在有工序的情况下才能进行。有时即使省略了作业，分析同样有效，因此在作业分析之前必须要分析工序，去除多余的工序或综合工序。

参考文献

《经营工程学入门》，甲斐章人编著，泉文堂出版。

D-06 自我报告法

定义 对象人员记录自己一天以上的业务内容，并分析业务实际情况的方法。具体方法与生活分析（参照 D-10）方法相同，主要适用于分析间接业务。

用途　1. 提高间接业务的效率　2. 减少间接人员数量　3. 选择外包业务　4. 设定间接业务的标准时间

解说

1. 自我报告法的步骤

项目	内容
①明确分析目的	明确自我报告法的目的是减少人员数量还是改善业务。
②选定报告对象	将对象部门的全体人员作为报告对象，以此保证数据的准确度和公平性。
③准备用具	准备记录用纸。每天一张或者周一、三、五一张，周二、四一张。
④设定日期、周期	记录每天实际工作时间，通常情况下记录周期为一周。若一个月内出现了取消业务等变动较大的情况时，可在月初或月末提交两次报告，以提高准确度。
⑤与报告对象协商（统一记录各项目）	为统一记录项目须在协商的同时详细地向对方说明主旨，请求对方配合日常行动和记录。
⑥记录	记录期间内，记录从开始作业到结束作业时的所有业务，记录单位为 0.1h。
⑦提交报告	每天在作业结束时要将报告提交给总结人员。最初的一两天内的记录错误会较多，总结人员应向报告人员进行确认并指导其正确记录。
⑧总结归纳数据	同各作业人员一起将所有作业分类为主体业务，附带业务、杂务等不同类别，总结业务发生时间并计算比率。
⑨制作改善方案	向报告者全体说明分析数据，全体人员针对出现的问题研究和制作改善方案。

2. 运用自我报告法的分析实例

目的：提高工序管理人员的业务效率

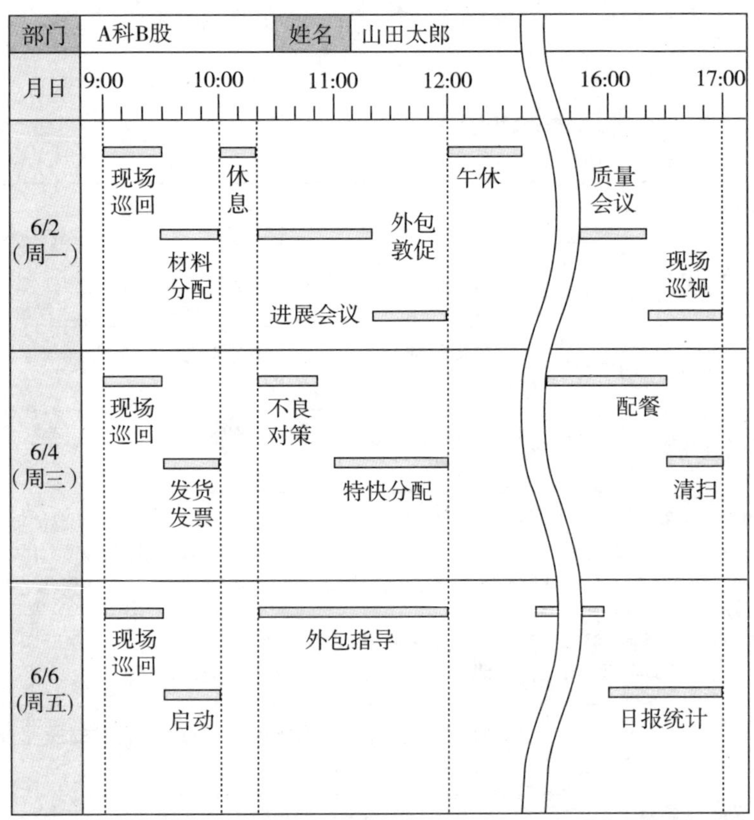

3. 关于业务名称

切记不能混淆业务目的和方法。 例如：当方法是现场巡视时，目的就是检查进度。 必须要在充分了解目的的基础上制定具体规则。

D-07 信息流程分析

定义 对加工作业（信息处理作业）中的必要输入信息、输出信息进行分析的方法。

用途 1. 提高间接业务的效率 2. 建立基础数据库 3. 缩短信息 KT 4. 省略或综合业务

解说

1. 间接业务的加工作业（信息处理）

间接业务就是对信息进行处理。 信息处理的过程包括输入信息和输出信息。 改善间接业务的关键就是分析和改善输入、输出信息。

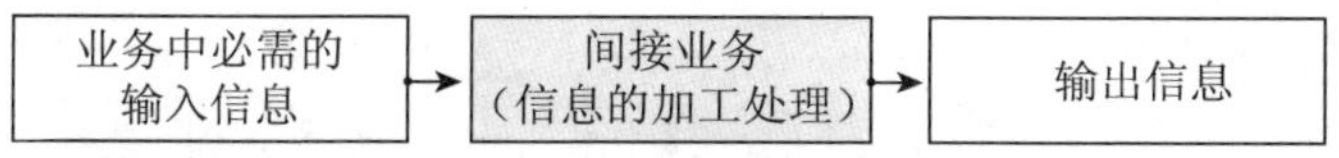

2. 信息流程分析实例（制作设备）

另外，区分并记录输入法的信息源究竟是纸质信息还是电子信息将有利于改善。

3. 分析的注意点（分析以人为主）

上述 2 的分析实例虽然是以业务流程为主，但实际的作业流程应该是人到人的信息传达过程。

因此以人为主的流程分析十分重要。 例如一般需要五人来处理顾客的投诉，若遵循以人为主的信息流程分析原则，就有可能建立单人处理体系。

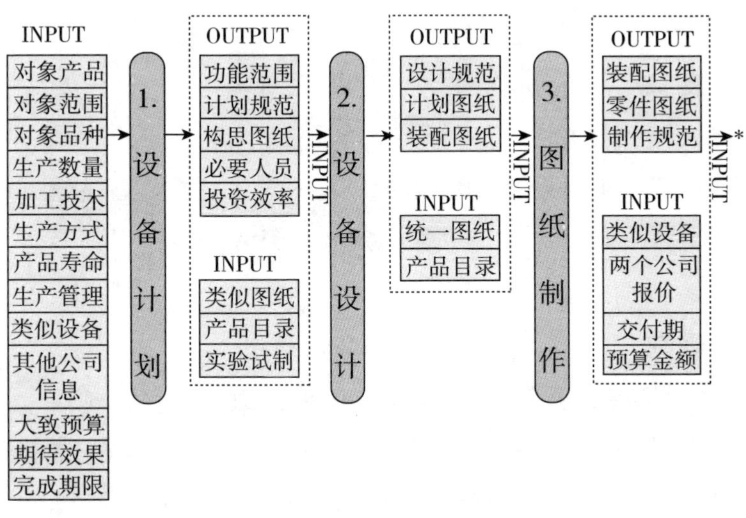

INPUT
对象产品
对象范围
对象品种
生产数量
加工技术
生产方式
产品寿命
生产管理
类似设备
其他公司信息
大致预算
期待效果
完成期限
1.设备计划
OUTPUT
功能范围
计划规范
构思图纸
必要人员
投资效率
INPUT
类似图纸
产品目录
实验试制
INPUT
2.设备设计
OUTPUT
设计规范
计划图纸
装配图纸
INPUT
统一图纸
产品目录
INPUT
3.图纸制作
OUTPUT
装配图纸
零件图纸
制作规范
INPUT
类似设备
两个公司报价
交付期
预算金额
INPUT
*

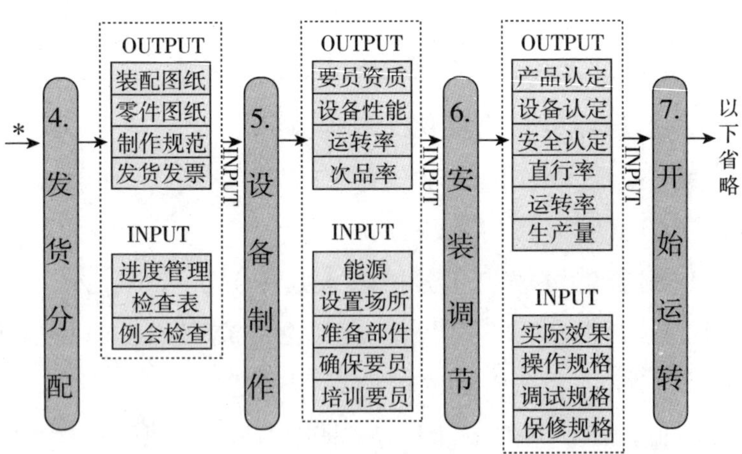

*
4.发货分配
OUTPUT
装配图纸
零件图纸
制作规范
发货发票
INPUT
进度管理
检查表
例会检查
INPUT
5.设备制作
OUTPUT
要员资质
设备性能
运转率
次品率
INPUT
能源
设置场所
准备部件
确保要员
培训要员
INPUT
6.安装调节
OUTPUT
产品认定
设备认定
安全认定
直行率
运转率
生产量
INPUT
实际效果
操作规格
调试规格
保修规格
INPUT
7.开始运转
以下省略

D-08 职务分析

定义 主要对常规业务中间接员（设计、会计、总务等人员）的职务内容进行分析。如发生频率时间等。

用途 1. 提高间接人员的业务效率 2. 去除重复业务 3. 指出、改善有缺陷的业务 4. 改善分段业务

解说

1. 职务分析的步骤

（1）综合掌握业务的名称（购买业务、工序进展业务等）

（2）分析业务项目（材料采购计划、购置品接收检查、次品处理等）

（3）调查（不是调查应有的状态，而是调查现状）不同项目的内容、范围（必要的责任、权限等）

（4）调查不同项目所出具的账表（发货单、盘点单等）

（5）调查相关的工厂规定、指南等基准

（6）注明基准和现实情况之差

2. 职务分析实例

材料购买业务

业务	业务内容	发生频率/月	时间/月
1. 总公司购置品分配	出具总公司的购置品发货单	5 次	10h
2. 工厂购置品分配	出具工厂的购置品发货单	10 次	20h
3. 购置品接收检查	确认购置品的名称、包装、发票(质量检查工作由材料检查部门负责)	20 次	15h
4. 次品处理	向厂商退回不合格产品，发布购买替代品的指示和不合格品通知	2 次	2h
5. 入库处理	将合格品保管至仓库，数据输入计算机	20 次	30h
以下省略			

3. 职务分析等级

职务分析虽然和直接人员的作业分析方法相同，但不同于直接作业的是职务分析中经常会出现业务浪费的情况，因此最初不需要进行详细分析，必须在确认业务的必要性之后再进行详细分析。

(1) 业务等级：业务项目等级分析是对目的和主要方法进行分析。

(2) 作业分析：业务项目的作业等级分析是对思维和动作进行分析。

4. 作业等级分析实例

购置品接收检查

作业内容	每次的时间	备注
1. 确认交付发票和包装	5 分钟	
2. 开箱	3 分钟	
3. 确认购置品的名称和数量	10 分钟	
4. 在交付发票上盖上合格印章	2 分钟	
5. 将交付发票和现货移交至材料检查部门	5 分钟	
合计时间	25 分钟	

5. 职务改善的注意点

重新制定包括关联业务在内的基准，确定全体最优形式之后再进行业务和作业的改善。 信息流程分析与账表分析的合用在进行全体最优化改善时效果明显。

D-09　秒表法（SW：Stop Watch）

定义　利用秒表对作业人员实际作业（或机器实际运转）的时间进行人工测定的方法。 依据测试目的不同，时间测定分为人工作业时间测定或机器运转时间测定。

用途　1. 分析作业人员的动作　2. 分析工作人员的作业　3. 分析工作人员和设备的动作　4. 分析设备的启动　5. 分析业务

解说

1. 分析步骤

通常将作业细分为几个要素动作，使用秒表观测、记录每项作业的结束时间，用减法计算出每项作业的所需时间。

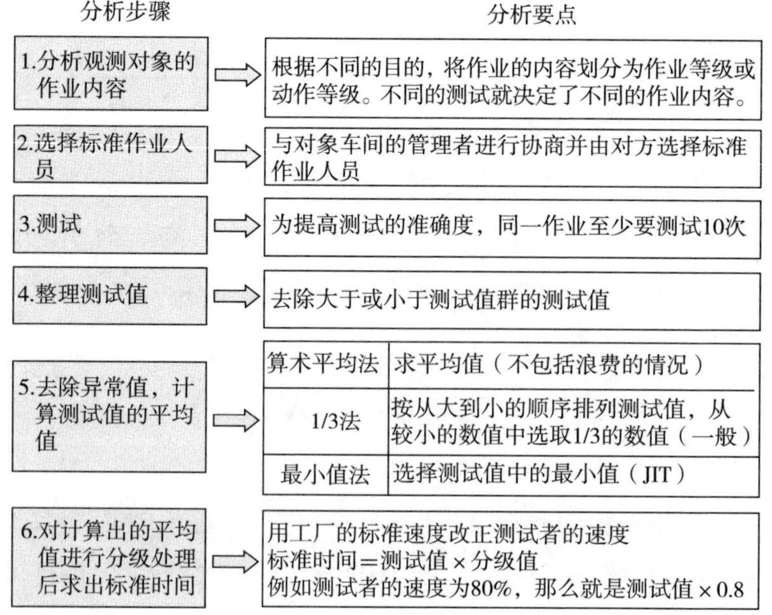

2. 分析实例

R：SW 表示的数字 T：作业时间 RT：分级值 ST：设定时间单位：1/1000 分钟

要素作业		1	2	3	4	5	6	7	8	9	10	平均	RT	ST
①将零件 A 放置到 JIG 中	R	0	154	280	415	525	646	756	884	1044	1180			秒
	T	~~90~~	68	63	58	58	56	60	60	54	~~30~~	60	90%	3. 24
②装配零件 A 和零件 B	R	90	222	343	473	583	702	816	944	1098	1210			
	T	64	58	72	52	63	54	68	~~100~~	82	78	66	90%	3. 56
合计											1288	126	90%	6. 80

/去除的异常值　○选择 1/3 的数值

1/3法 例

①的时间　~~30~~　54　56　(58)　58　60　60　63　68　~~90~~

1/3	RT	ST
58	90%	3.13

②的时间　52　54　(58)　63　64　68　72　78　82　~~100~~

	58	90%	3.13
合计	116	90%	6.26

从例子中对平均法和 1/3 法的比较可以发现，1/3 法总共能节省 0. 54 秒。 人们普遍认为平均法中存在潜在的浪费动作，因此 1/3 法更为常见。 但现在受 JIT 的影响，最小值法也得到了广泛应用。

注：秒表法也称作时间观测法、时间分析法、时间测定法。

D-10 生活分析

定义 利用一天以上的时间观测被研究者生活（或作业）的实际状态，并分析。 与工作抽样法相同，主要适用于间接业务的分析中。

用途 1. 提高间接业务的效率 2. 减少间接人员数量 3. 选择外包业务 4. 设定标准时间

解说

1. 生活分析的步骤

项目	内容
①明确分析目的	明确分析的目的是减少人员数量还是改善业务。
②选定观测对象	选择观测对象。比例约为 1 名观测者对 10 名被观测者。
③准备用具	准备观测用纸、观测板、去向明示板等。
④设定时间、周期	每隔三天作一次测定，测定内容为一整天的实际工作时间。选择周一、五等特殊日期或普通日期。
⑤向观测对象进行说明	向观测对象充分说明主旨，以期在一般活动中得到对方的配合。
⑥预备观测	进行 1 天的预备观测以便对即将发生的业务有大致的把握，并将这些业务记录至观测用纸上。
⑦正式观测	每隔一定时间（如 5—20 分钟）进行一次巡视，记录被观测对象在巡视瞬间的工作内容。当不清楚观测对象时需向作业人员进行确认。当被观测对象不在离场时需要记录其留在去向明示板上的内容，巡视次数可以不固定。
⑧归纳数据	分别计算归纳日常业务、附属业务、杂项业务等各项业务的发生比率。必要时附加备注。
⑨制作改善方案	针对从分析数据中发现的问题制作改善方案。

注：观测用具的内容请参照 B-14 工作抽样法。

2. 生活分析的实例

目的：提高产品设计者的设计业务比率

分析结果：

	日常业务						附属业务					杂项业务			其他			
业务项目	构思设计	详细设计	DR	技术解析	数据处理	试制品研究	委托试制	试制	与顾客商洽	进展会议	处理投诉	相关学会	执笔研究报告	小团体活动	健康诊断	学习计算机	休息	合计
比率	15	20	5	2	3	2	8	20	6	2	3	2	3	1	1	3	4	100
比率	47%						39%					6%			8%			100

3. 改善

从分析结果中可以看出主营业务所占比率只有一半以下，而与试制有关的业务却占了近 30%。作为改善方案，可以在设计部内设置工务科，使设计部负责试制业务的准备、推进工作，并肩负设计日程管理等。这样可以将日常业务的比率提高至 80%左右，以期实现缩短设计周期、减少投诉的目标。

4. 生活分析的注意点

在生活分析中，对象车间部科长的目的意识、领导力及采自被测试者的理解与合作是必不可少的。通常，生活分析由 IE 部门负责，而观测者与对象车间部科长的充分交流也很重要。

D-11　设计工时分析

定义　针对不同的产品设计模型、分析计划、设计、技术计算、作图等业务的工时。

用途　1. 提高设计效率　2. 提升 CS　3. 确保按时交付　4. 提高设计期限的管理准确度

解说

1. 设计模型分析

从顾客的要求规范或者本公司的产品开发战略方面，分析产品变更要素模型（影响设计工时的要素）。

设计模型的分析实例

划分	编码	内　容
小变更	AA	改变现有的零件组合（可企业内部解决）
	AB	对现有零件的组合和一部分的零件形状进行小的变更(可企业内部解决)
	AC	对现有产品中一部分零件的形状进行小的变更（可企业内部解决）
零件变更	BA	改变现有零件的材质（委托制造商）
	BB	改变现有零件的材质，对一部分零件的形状进行变更(委托制造商)
功能变更	CA	改变现有部分产品的主体构造（本公司与制造商合作开发）
	CB	追加现有部分产品的主体构造（本公司与制造商合作开发）
新产品	DA	开发新产品（本公司与制造商合作开发）

2. 分析不同设计模型的设计工时、业务周期

根据不同设计类型或不同业务，对设计工时和业务周期（leadtime）的实际数值分别进行分析。 在收集实际业绩值时不使用平均值法，而是使用融入了设计者个人技术的熟练度分析法。

设计工时、业务周期分析实例

编码	划分	企划	计划	设计	计算	试制	试验	制图	合计
AA	业务周期	–	–	2	1	–	–	1	4 日
	设计工时	–	–	10	8	–	–	8	26h
BA	业务周期	–	–	3	1	2	–	1	7
	设计工时	–	–	24	8	16	–	8	56
DA	业务周期	30 日	30	15	2	10	5	3	95
	设计工时	240h	220	100	16	100	40	24	740

业务周期：基本上班天数（在回复顾客时要换算成日历上的天数）
业务工时：基本上班时间

3. 设定不同设计模型的设计工时和业务周期标准时间

（1）在对设计期限、设计工时积压、顾客交付期回复进行管理时，需要改善实际业绩值，将其转换成标准时间。

（2）为转换成标准时间必须要分析包括要素作业等级在内的设计业务，以直接作业的作业分析为标准展开分析。

（3）实现要素作业分析的标准化后，就要制定业务规范、指南等以利于实现业务的标准化。同时要制作检查清单以防止出现错误。

D-12　设计生产率分析

定义　对设计部门及设计者的生产率进行分析，如平均每位设计者所设计的新产品产生的销售额、开发周期、设计件数等。

用途　1. 提高生产率　2. 改善经营结构　3. 降低成本

解说

各种生产率指标

$$①设计生产率（千日元）=\frac{附加价值（销售额-可变费用）}{平均设计者人数}$$

（附加价值生产率）

①是观察每个设计者附加价值的指标，同时也是了解企业的产品结构和设计者工作效率的指标。

$$②新产品销售额比率（\%）=\frac{新产品销售额}{销售额}$$

②是了解设计部门对企业的销售额所作贡献的指标。

$$③新产品开发周期（日）= \frac{新产品开发总周期}{新产品开发件数}$$

③是观察一定时期内每件新产品开发周期的指标。从中可以了解产品的开发速度。

$$④设计净时间比率（\%）= \frac{\sum 净设计时间}{\sum 实际工作时间}$$

净设计时间：包括进行计划、设计、技术计算、制图、制作规范书在内的纯粹的设计所需时间

④是观察一定时期内设计者工作状态和非工作时间的指标。

$$⑤每人错误设计的件数（件）= \frac{\sum 设计错误时间}{\sum 平均设计者人数}$$

⑤是观察一定时期内设计者设计错误件数的指标。

⑥设计问题引起的投诉（件）= 顾客对设计问题的投诉件数

⑥是评价一定时期内设计人员专有技术能力的指标。 要实现绝对指标的零化。

⑦每位设计者的设计件数（件/人）$=\frac{\Sigma\text{设计件数}}{\text{平均设计者人数}}$

⑦是观察一定时期内设计者能力的指标。若要追求准确度则可以运用 ABC 法分析设计质量，对各等级做出相应的评价。

⑧信息工具装备率（千日元）

$=\frac{\text{与信息相关的固定资产}}{\text{使用信息工具的平均设计者人数}}$

信息工具：计算机、主机、终端装置、LAN、复印机、其他固定资产（价格：会计上指账面价格，此处可以购买价格为基础进行评价）。

⑧是观察 IT 时代信息设备装配情况的指标。

此外，如果设立一个与本公司情况相适应并能产生积极效果的指标则是极为理想的。如平均每人申请专利件数，拥有较高市场占有率产品的件数，高端产品件数等。

D-13　多设备、多工序分析

定义　分析一人同时能操作几台设备，从事几道工序的方法。该方法需要灵活运用人机图。

用途　1. 提高作业效率　2. 提高设备效率　3. 缩短 KT

解说

1. 用语的定义

（1）多设备：一名作业人员负责多台同一工序、同一功能的自动加工设备。

（2）多工序：一名作业人员负责多台不同工序的自动加工设备。

2. 多设备、多工序的目标

当员工负责的设备具备自动加工时间功能时，机器在自动运转过程中人员就会闲置下来。为了消除人的闲置时间，一名员工可以负责多台设备。但是，即使消除了人的闲置时间，如果设备发生闲置或者设备运转率低下的话，改善的意义也就不存在了。因此，“彻底消除闲置时间”才是多设备多工序的真正目的。

3. 多设备、多工序的分析步骤

（1）制作设备（A）的人机图，计算出空置时间。

（2）制作设备（B）的人机图，计算出作业人员的操作时间。

（3）若设备（B）的操作时间在设备（A）的空置时间之内，则说明作业人员可以负责（B）设备。

（4）制作同时负责（A）（B）两台设备时的人机图。人机图至少要完整地表示一个周期。

（5）在人机图中对人和设备进行组合，以实现机械干涉时间（设备等待作业人员的时间）、人员干涉时间

（作业人员等待设备运转完成的时间）的最小化。

（6）多设备、多工序不仅包括 1 人 N 台设备，也可能包括类似于 2 人 3 台设备的 N 人 M 台设备的情况。因此还需要研究以同时消除人和设备空闲时间为目标的 N 人 M 台的情况。

4. 多台设备分析的简单实例

单功能高速自动机，人工操作的时间仅为给零件上油的时间。

（1）1 人 1 台的人机图

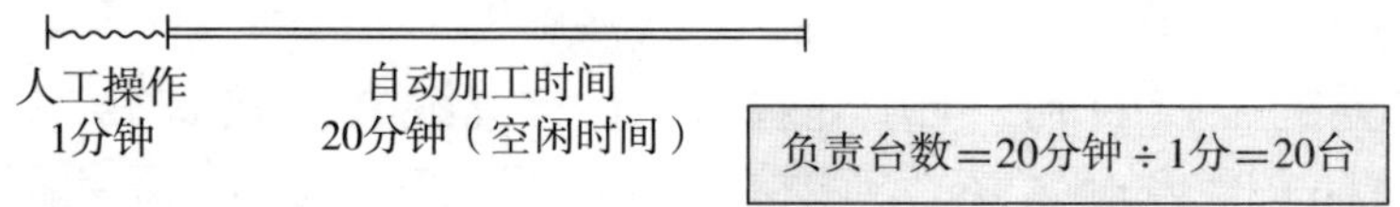

（2）1 人 20 台的人机图

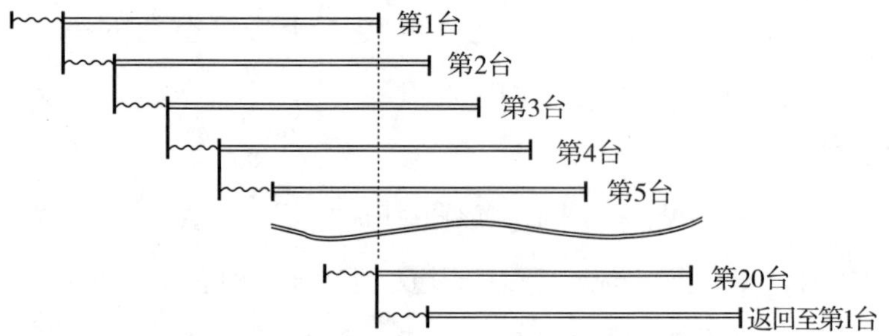

如上图所示，人机图必须要记录到作业人员的操作回到第 1 台机器时为止。

D-14　账票分析

定义　对与生产流程相对应的账票的目的、内容、制作部门、频率等进行分析。

用途　1. 提高间接业务效率　2. 缩短信息 KT　3. 提高 CS　4. 减少间接人员数量

解说

1. 账票分析的目标

因为间接员业务的完成情况是以文件的形式反应出现，省略文件即为省略业务，所以这种做法的改善效果明显。对文件中的账票进行分析，正是以改善业务本身为目的。

2. 报票分析的步骤

（1）绘制从订货到交货的工序流程表。

（2）分析各道工序中使用到的账票类型。

（3）分析各账表的目的、内容、样式、制作方法、制作部门、KT、分配目的地等。

（4）指出各个账表中的问题。

（5）总结改善方案。

3. 工序和账表的关系示例（订货生产）

NO.	工序名称	账票名称
1	顾客咨询	顾客条件书
2	规范协商	规格说明书
3	报价	报价单 报价说明书
4	订货	订货单 合同书
5	设计指示	设计指示书
6	设计	设计图纸 设计说明书
7	大日程表	大日程表
8	中日程表	中日程表
9	材料零件采购	发货说明书 发货单
10	外包制作	检查证明书 交货单
11	购入零件材料	检收表 检查表
12	零件材料仓库管理	入库凭证 库存表 出库凭证 盘点表
13	零件制作	小日程计划表 制作指示书 检查日报 生产日报
14	内部零件的仓库管理	入库凭证 库存表 出库凭证 盘点单

（续表）

NO.	工序名称	账票名称
15	配餐	配餐单
16	产品装配	小日程计划表 制作指示书 检查日报 生产日报
17	产品仓库管理	入库凭证 库存表 盘点表
18	产品出库管理	库存表 出库表
19	发送	发送单 车辆调度
20	交付顾客	交付单

4. 账票的改善方法

（1）快速索引法：每个部门将本部门制作的账票放置在厂长室中，由厂长、部科长决定每个账票的省略、综合和改善情况。

（2）演绎法：设计与工序流程相对应的信息流程，从每个信息处理的理想状态出发设计账票。

D-15 动作经济性分析

定义 遵照动作是经济原则，分析作业中存在的不合理、浪费杂乱现象。

用途 1. 提高作业效率 2. 减少不良 3. 降低成本

解说

1. 动作经济原则

基本原则	①减少基本动作	②动作同时进行	③缩短动作距离	④动作轻松化
改善启示	是否进行了寻找、搬运、前置	是否出现了闲置	是否进行了不必要地大幅度移动	是否减少了要素动作的数量
1. 动作方法原则	1）去除不必要的动作 2）减少眼睛的运动 3）综合两个以上的动作	1）双手同时开始操作同时结束 2）双手同时反向或对向运动	1）在最低最舒适的位置操作 2）最短距离操作	1）动作尽量轻松 2）动作中应借助于重力和其他力 3）操作动作时应借助惯性和反作用力
2. 作业场所原则	1）将材料和工具放置在作业人员前方的固定位置 2）按作业顺序整齐放置材料和工具 3）将材料、工具放置在方便操作的地方	确保双手可以同时操作	在不妨碍作业的前提下尽量缩小作业范围	选择高度适中的作业位置
3. 夹具和机械原则	1）使用能够方便拿取材料、零件的容器 2）机械的移动方向和操作方向相同 3）将两个以上的工具简化成一个 4）拧紧夹具时，使用动作要求少的器具	1）使用能够长时间保证对象物稳定的固定工具 2）在简单作业时或在需要力气的作业中使用脚动工具 3）使用双手能够同时操作的夹具	1）取送材料的器具最好能利用重力效果 2）操作位置应尽力保持在最低最舒适的部位	1）为限定固定的运动路径，需要使用夹具和引导装置 2）手柄设置成易握的形状 3）选择一个既能看得见又可以轻松操作工具的位置

（资料来源：《经营工程学入门》，甲斐章人编著，泉文堂出版，1988，P38）

2. 作业分析

遵循经济动作的原则分析作业中的不合理、浪费、不平衡的现象，清除和改善这些现象。同时在作业设计阶段展开适用于动作经济原则的设计。

D-16 平衡损失分析（生产线平衡分析）

定义 分析在组装工序、加工工序等工序中各作业者或设备在单位时间内所承载负荷的不平衡状况。

用途 1. 提高作业效率 2. 提高设备效率 3. 缩短 KT

解说

1. 手工作业生产线

（1）分析要点

①用动作等级对每个作业人员进行分析。

②原则上应运用 WF 法，在运用秒表法时必须分级处理。

③将每隔一定数量、每隔一段时间产生的附属作业（如更换货盘、整理零件等）换算成平均每个零件的作业时间，并加入净时间中。

（2）生产线编成效率（生产线平衡）

$$\text{生产线编成效率}=\frac{\sum\text{作业时间}}{\text{薄弱环节的作业时间}\times\text{生产线人员}}\times 100$$

（3）平衡损失即为编成效率的倒数。在实际运用过程中使用编成效率（生产线平衡）或平衡损失皆可。

平衡损失（%）= 100−生产线编成效率

（4）分析实例（6 人组的装配作业）

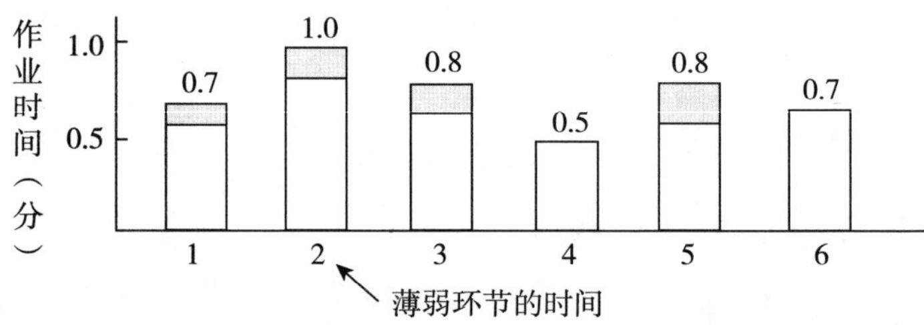

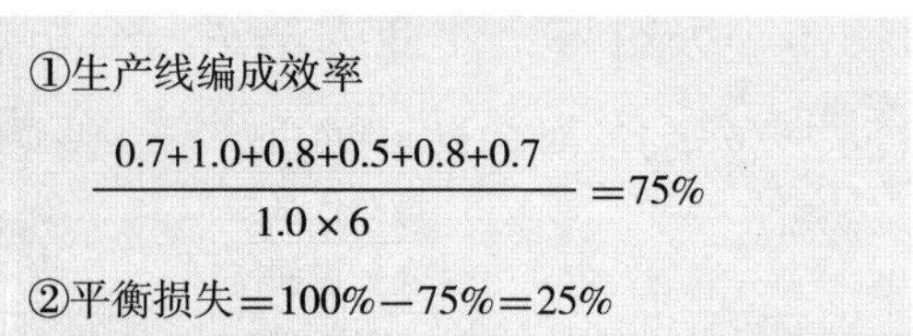

①生产线编成效率

$$\frac{0.7+1.0+0.8+0.5+0.8+0.7}{1.0\times 6}=75\%$$

②平衡损失＝100%−75%＝25%

2. 机械作业生产线

即使在物理条件上连接了速度不同的多台设备的生

产线，同样可以采用与手工作业生产线相同的分析方法计算出编成效率。

（1）在设备的正常速度下，求出生产线的编成效率，作为改善整体速度的资料。

（2）将由系统原因（整备、更换工具、处理废材）或运转原因（故障、暂停）导致的不运转时间换算成每台机器的平均值，并加入净速度中。

（3）运用 SW 法展开分析。

D-17　人员图分析

定义　依照时间顺序对作业人员的手工作业内容进行分析，并表示在时间表上的方法。和人机图、整备分析等方法类似。尤其在对两人以上的小组进行分析时效果明显。

用途　1. 提高作业效率　2. 设定 ST（标准时间）3. 解决小团体活动主题　4. 提高小组作业的编成效率

解说

1. 人员图的绘制步骤

（1）依据要素作业等级对研究对象作业的步骤进行分析。

（2）测试每个要素作业的时间值。

（3）在时间表上记录要素作业和时间值。

2. 人员图实例

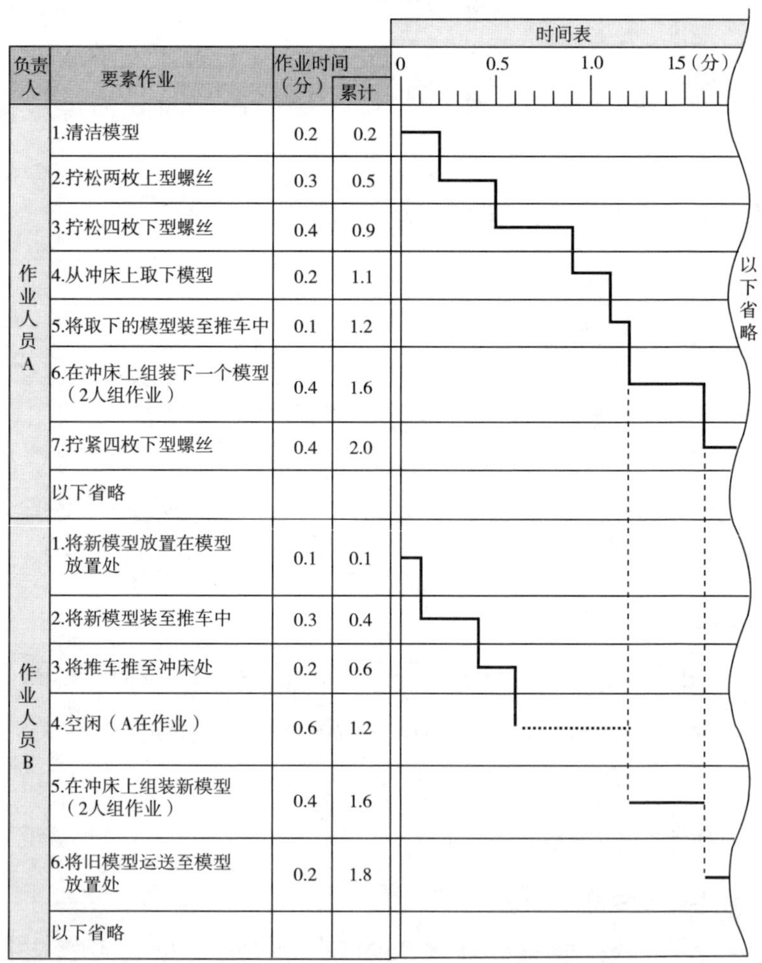

负责人	要素作业	作业时间（分）	累计
作业人员A	1.清洁模型	0.2	0.2
	2.拧松两枚上型螺丝	0.3	0.5
	3.拧松四枚下型螺丝	0.4	0.9
	4.从冲床上取下模型	0.2	1.1
	5.将取下的模型装至推车中	0.1	1.2
	6.在冲床上组装下一个模型（2人组作业）	0.4	1.6
	7.拧紧四枚下型螺丝	0.4	2.0
	以下省略		
作业人员B	1.将新模型放置在模型放置处	0.1	0.1
	2.将新模型装至推车中	0.3	0.4
	3.将推车推至冲床处	0.2	0.6
	4.空闲（A在作业）	0.6	1.2
	5.在冲床上组装新模型（2人组作业）	0.4	1.6
	6.将旧模型运送至模型放置处	0.2	1.8
	以下省略		

3. 人员图的制作注意点

（1）使用格子纸绘制时间表以便于读取刻度。

（2）在时间表上记录要素动作和时间值以便于分析。

（3）应尽量用数值大的刻度表示时间表以便于观察。

（4）在多人小组作业中，每个人作业的开始和结束时间必须一致。

（5）根据作业的大小，时间值的单位可使用秒、分钟或小时。

4. 人员图的种类

（1）上班时间等级：分析每天的作业顺序。

（2）要素作业等级：分析单一作业等级。

（3）要素动作等级：分析右手、左手、步行等动作等级。

D-18 人机图分析

定义 在使用设备的作业中，分析作业人员和设备在时间上的关联性，解析作业人员的空闲时间（人员干涉时间）以及设备空置时间（机械干涉时间）。

用途 1. 提高设备效率 2. 提高作业效率 3. 缩短 KT

解说

1. 人机图的绘制方法

在人机联合作业中，对不同时间点的动作进行分析，并制成图表。利用秒表法测定作业人员或不同设备的作业时间。

图表化的方法通过下面（1）（2）表示

（1）作业人员和设备两者间的时间过程

（2）不同设备的时间过程。

注意事项：

（1）最少要制作一个完整周期的人机图。一个周期是指设备和作业人员回到初始状态。负责数台设备时，人机图有可能长达 1 米。

（2）使用方格纸，明确表示时间轴。

（3） ～～～人工操作时间　　═══机械干涉时间（设备空置时间）

机械加工时间　　≈≈≈人员干涉时间（作业人员的空闲时间）

2. 人机图制作实例

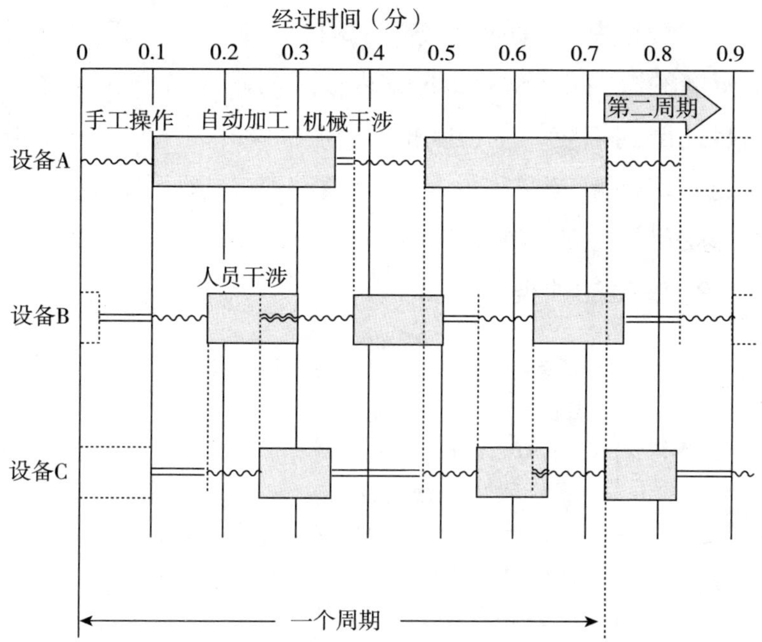

D-19　浪费分析

定义　分析人、物、设备、信息等经营资源的浪费情况。

用途　1. 提高经营效率　2. 降低成本　3. 创造利益　4. 提高积极性

解说

1. 浪费的定义

浪费是指没有报酬，无论做什么都没有回报。 企业中所指的没有报酬意思是虽然做了某项工作但并没有从顾客处得到相应的金钱回报。 例如本公司从一千米外的其他公司处搬运来了产品，但顾客并不承认搬运的价值也不支付相应的报酬，这就是搬运浪费。

2. 浪费的种类

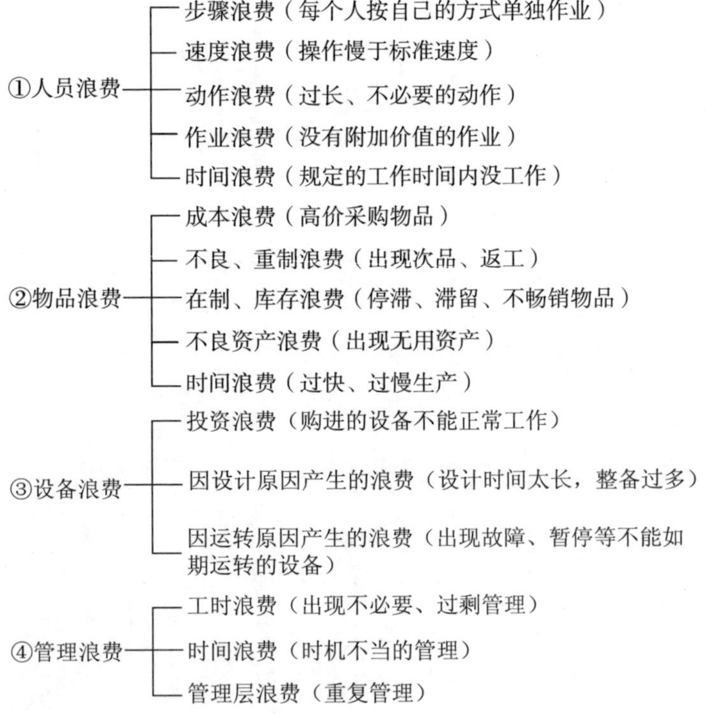

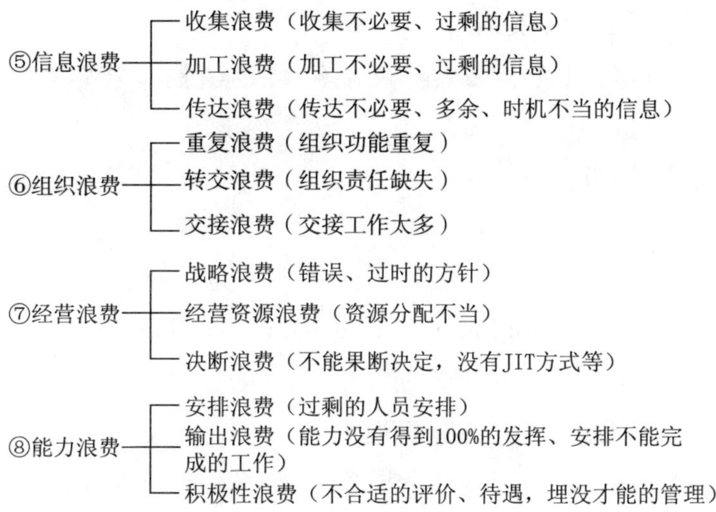

D-20　控时摄影分析

定义　用磁带录像机记录作业人员和设备的工作情况，通过回放录像对人的作业、机器的运转情况进行分析的方法。

用途　1. 设定标准时间的富余率　2. 去除多余作业　3. 改善布局　4. 降低设备不运转率　5. 针对不良制定对策　6. 训练作业

解说

1. 控时摄影分析的优点

（1）可轻松观测到观测人员难以进入的车间（无尘

室、3K（脏、累、危险）车间等）。

（2）不会遗漏诸如大件产品组装等重复步骤较少的作业。

（3）即使是长时间作业，观测人员也不必贴附观测。

（4）可以慢速回放细微动作实现充分观测。

（5）该方法带有表示时间的功能，因此不需要另备秒表。

（6）可以无限次地反复观测。

（7）可以同步观测多台设备（或多人）的情况。

（8）对被观测者解说时有说服力。

2. 控时摄影分析的缺点

（1）必须要确定 VTR 的位置，否则会出现被观测者在画面外或者看不清观测动作的情况。

（2）也可能会发生内容原因等都不清楚的状况。

（3）回放分析时若发生意外则会浪费更多的时间。

3. 控时摄影分析的注意点

（1）必须使用带有表示日期和时间功能的 VTR。

（2）作业内容复杂的情况下，作业人员为了衔接作业内容必须按下录音键。

（3）为了不让分析对象超出画面的范围，或避免动作部分出现阴影必须按以下步骤确定 VTR 的放置场所。

①大范围摄影时将 VTR 放置在高处，俯瞰摄影。

②使用能够摇头的 VTR。

③多台 VTR 多角度同步摄影。

④使用镜子等辅助工具。

⑤作业人员站在最佳的摄影位置进行作业。

（4）事先在记录用纸上记录零件名称、作业名称，请作业人员将其放置在最佳位置。

（5）在光线较暗的车间中使用照明设备。

（6）彩色拍摄。

（7）为防止 VTR 晃动要事先固定 VTR，最好使用三脚架。

（8）不要使用蓄电池。这样即使在使用 100 伏的情况下也不必担心出现断电的情况。

（9）事先进行预备观测，在确定拍摄角度合适之后再进行正式拍摄，可以防止拍摄失败。

（10）事先向被观测者充分说明拍摄主旨。

D-21　有效动作分析

定义　将生产现场中的人工作业分为有效动作和无效动作，排除无效动作进一步改善有效动作的方法。

用途　1. 改善手工作业　2. 改善设备作业的手工操作时间　3. 改善事务作业

解说

1. 分析步骤

（1）确定对象车间（明确目的、目标）

（2）确定分析对象（同一作业要选择多人进行分析）

（3）实施分析（使用秒表、VTR。从一次分析到五次分析）

2. 分析的注意点

分析等级和分析对象动作

分析等级	改善的对象作业和动作	改善目标
①一次分析	一次有效作业、动作；一次无效动作：离席、步行	1.避免离席 2.去除没有意义的步行
②二次分析	二次有效作业、动作；二次无效动作：商讨、等待、步行等	1.工序间的能力失衡 2.布局劣质 3.设备不运转 4.单独作业
③三次分析	三次有效动作；三次无效动作：计算、思考、读图、监控等	1.设计规范不完备 2.未确立作业标准 3.不能负责多台
④四次分析	四次有效动作；四次无效动作：过剩加工、移动组合、固定等	1.作业方法浪费 2.加工图不完备 3.设备功能损耗
⑤五次分析	五次有效动作（0次无效动作的理想等级）；五次无效动作：单手动作、速度慢、保存、检查	1.作业速度慢 2.不适用于动作经济原则 3.QA系统不完备

（1）在非批量生产的现场（大型物件的加工、组装）中，至少进行一次分析，通过一两次的分析，取得明显改善效果。

（2）在批量生产的现场（小物件的加工组装等），由于走动的机会多，所以要取得改善效果，至少要进行三四次分析。

（3）为了提早实现并扩大改善效果，若在低级别的分析中发现高级别存在损耗，可以不拘泥于级别，同时推进高级别的改善。

D-22　分级法（Rating 法）

定义　时间研究人员或管理监督人员在头脑中对观测中（作业中）的作业人员的作业进度（不是表面的速度，而是要考虑到作业的难易程度、身体部位、产品重量和阻力等因素对作业速度影响之后的有效速度）和自己持有的标准速度进行比较的方法。

用途　1. 设定标准时间　2. 提高作业效率　3. 缩短作业的熟练期

解说

1. 分级步骤

（1）设定可以作为企业基准的作业速度。

（2）时间研究人员和管理监督人员亲自体验作业速度标准。通过不断训练，保持基准水平。（1~2 次/周）

（3）确认即将评价的作业内容是标准作业方法之后，在头脑中对作业人员的作业进度和通过试验得到的标准速度进行比较。

（4）定量表示比较结果。例如标准速度为 100%，那么实际作业速度可以为 120%或 80%。

（5）将比较系数视为等级系数，与观测时间值相乘求出净时间。

（6）比较净时间和标准时间，根据分级目的进行管理、改善工作。例如指导作业速度较慢的人员或者设定标准时间等。

2. 分级计算实例

例	观测值	分级	标准值
A	1. 0 分	120%（比标准时间快 20%）	1. 0×1. 2=1. 2 分
B	1. 2 分	80%（比标准时间慢 20%）	1. 2×0. 8=0. 96 分

运用秒表法或工作抽样法获取观测值。

3. 分级训练

分级能力若长期不使用就会减弱，因此必须定期、持续地进行分级训练。（可事先确定时间，如每周一早上等）

（1）准备分级胶片。可以购买日本能率协会出售的市场版，也可以用录像机拍摄车间作业制作独创版。

（2）准备分级用纸。如下图所示制作分级用纸。

胶片的运转速度即为比例值，观测人员将观测值记录至分级用纸上。 A 线表示分级能力为 100%的作业人员。

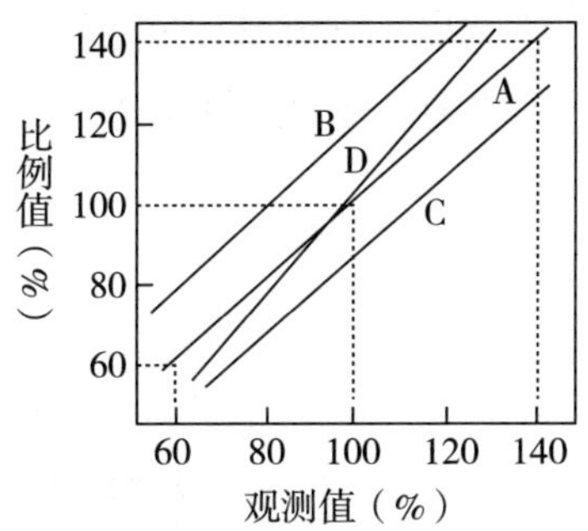

（3）观察各种速度的胶片，对各种速度进行评价并记录至分级用纸上。

（4）标注出圆点并用线连接。 观察连接线便可了解自己的判断习惯。 为改正自己的习惯以达到 100%的分级能力必须不断地进行训练。

（5）判断习惯的实例。 如上图所示，B 的评价较严，C 的评价较松，D 在比例值为 100%以下时评价较松，100%以上时评价较严。 因此若不尽早改正判断习惯可能导致错误评价。

D-23　PTS 法（Predetermined Time Standard system）

定义　也称作预测时间法、既定时间标准法。 不使用秒表即设定作业标准时间的间接时间测定法，即将作业人员动作分解成基本要素，对照已设定的时间值（与动作的性质和条件相对应），进行确认的方法。

用途　1. 设定作业人员的标准时间　2. 改善作业、动作　3. 减少人员数量　4. 降低成本　5. 设定外包单价

解说

1. PTS 法的特点

（1）和秒表法相同需要进行分级（观测者对作业人员努力程度进行评价的活动。参照 D-22）。

（2）与既定作业要素相结合设计作业方法、设定标准时间。

（3）运用 PTS 法可以在设定标准时间之前的分析过程中去除作业方法中的浪费动作。因此改善作业和设定标准时间两项工作可以同时进行。

（4）在设定了标准时间之后即使作业方法发生变化，也可迅速、方便地改订标准时间。

（5）由于分析单位很小，因此在设计和改善周期较短的作业中使用该方法效果更明显。

2. PTS 法的种类

种类	名称	最初使用年份	数据制作方法
MTA	Motion—Time Analysis	1924	录像、微动作分析、记波器
WF	Work—Factor System	1938	时间研究、现场作业的频动照片研究

（续表）

种类	名称	最初使用年份	数据制作方法
MTM	Methods—Time Measurement	1948	时间研究、现场作业录像
BMT	Basic Motion Time Study	1950	实验室中的研究
DMT	Dimensional Motion Times	1952	时间研究、电影、实验室中的研究

现在被认为是最完整也是经常使用的方法是 WF 法和 MTF 法。

3. 引进 PTS 法时的注意点

（1）由于分析作业要素需花费很多时间，所以 PTS 法适用于大批量生产，不适用于品种多数量少的生产或个别生产。

（2）虽然 PTS 法的分析较为客观，但若不严格遵守分析规则仍有可能出现误差，因此必须要详细学习分析规则。

（3）另一种误差是分析人员之间的误差。产生该误差的原因是没有和分析等级相结合。因此全体分析人员在分析同一个作业时应事先与分析等级相结合再展开分析。

（4）汇集本公司作业时所必备的标准动作（伸手、抓取等）和要素动作等级，构建基础数据库（也可称作“标准作业通用表”）。若此种 PTS 法不能满足企业的需要，还可以开发适合本公司具体情况的 PTS 法。

（5）该种通用表是利用计算机等级便能充分发挥作用的系统。

D-24　SHA 法（Systematic Handling Analysis）

定义　以多角度分析为基础，设计和改善搬运作业的方法。20 世纪 70 年代由美国的 R. 缪瑟提出。该方法和 SLP 法（B-18）构成了布局、材料管理的系统化解析方法。

用途　1. 工厂搬运计划　2. 工厂物流计划　3. 工厂仓库计划　4. 设备安排计划　5. 车间内搬运计划

解说

要点：严格遵守每一步的步骤、进行定量化

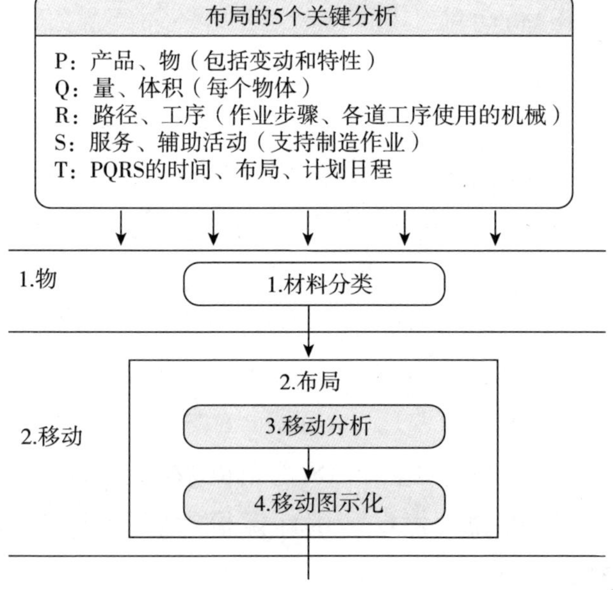

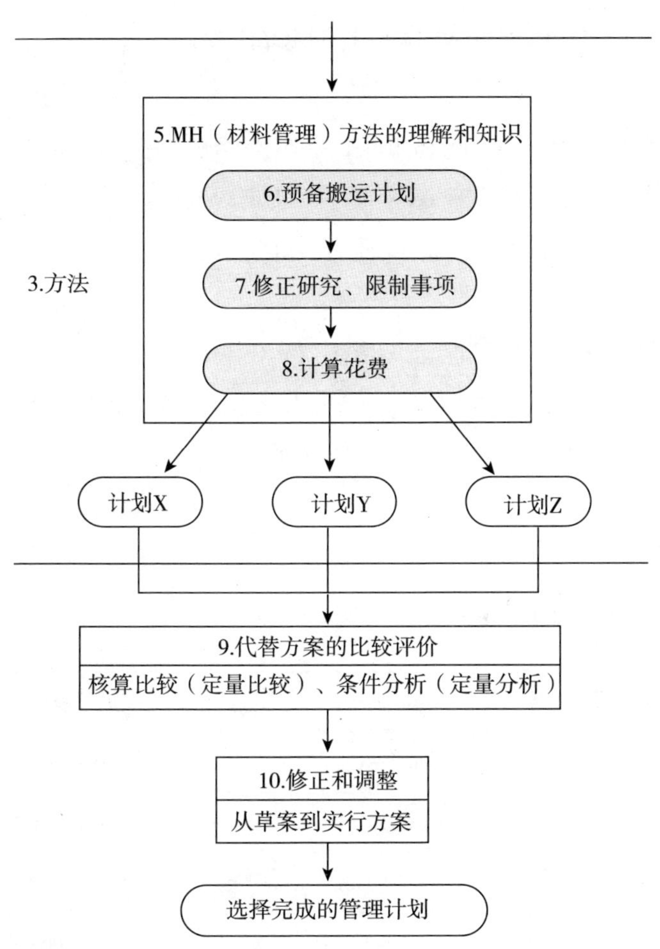

参考文献

《搬运系统设计》（SHA），R. 缪瑟、K. 汉戈勒斯，中井重行主译，日本能率协会出版

D-25 WF 法（Work Factor）

定义 和微动作分析法相同，将作业（Work）划分为动作要素，再研究每个动作的难易程度，设定每个动作的标准动作时间，计算出全体的标准时间。 PTS 法的典型代表方法。

用途 1. 设定作业人员的标准时间 2. 改善作业、动作 3. 减少人员数量 4. 降低成本 5. 设定外包单价 6. 设计作业 7. 估计合理化效果

解说

1. WF 法的种类

种类	名称	时间单位
DWF	详细法 Detail Work—factor	1WFU = 0. 0001 分
RWF	准备法 Ready Work—factor	1RU = 0. 001 分
SWF	简易法 Simple Work—factor	1WFU = 0. 0001 分
AWF	简略法 Abbreviated Work—factor	1AU = 0. 005 分

批量生产现场的工业工程师如能掌握 DWF 法将对作业设计、作业改善非常有效。 用于制定标准时间并广泛应用于非批量生产现场的 RWF 从缩短工时角度看非常经济。 此外，除 IE 工程师外，产品设计、成本报价、硬

件生产技术负责人、制造和事务部门的管理者、负责人都能够在短时间内掌握 RWF，所以从培养效率角度考虑也应该掌握 RWF 法。

2. WF 分析实例（参照下表）

3. WF 分析的特点

一旦确定了最优的动作步骤后，即使不实际操作作业，只在纸上估计时间值也能够客观、公正地将作业人员的动作控制在标准时间内，同时也能清楚地表示实际作业中所浪费的时间。

编号	动作要素	动作分析	WFM
1	胳膊伸向钢笔—RH	A12D	65
2	抓取钢笔—RH	F1	16
3	胳膊移向纸—RH	A12D	65
4	钢笔放在纸上—RH	F1SD	29
5	画出“X”的第一条直线—RH	F1D	23
6	在画“X”的第二条直线前先确定钢笔位置—RH	F1D	23
7	画出第二条直线—RH	F1D	23
8	钢笔移向笔套—RH	A12SD	85
9	钢笔插入笔套—RH	F1P	23
10	放下钢笔—RH	1/2F1	8
11	胳膊伸向纸—RH	A12D	65
计			425

注1：RH=右手　　2.55 秒

2：按每个动作的左右手顺序进行分析

（资料来源：《管理工程学入门》，师冈孝次著，理工学社出版，1970，P2-12）

4. WF 法的高效学习和运用

（1）参加由专业机构主办的通信培训和研讨会，效果更明显。

（2）为消除分析过程中的个人差异，多人同时进行分析更为理想。

（3）为了使 WF 法成为作业人员作业时间的标准，在正式运用 WF 之前需事先在工厂或企业中采用此法。

E 人性、小团体分析方法

E-01 红牌作战

定义 以工厂内的所有物品为对象，区分需要的物品，不需要的物品和非急需品。 整理不需要的物品、非急需品，整顿必要的物品。

用途 1. 清理不需要的物品 2. 缩减库存 3. 简化管理过程 4. 提高生产效率 5. 缩小空间 6. 提高质量 7. 保障安全

解说

依据部科长的问题意识设定对象部门。

1. 开始红牌计划

（1） 领导：部长以上级别。

（2）成员：对象部门的全体监督人员。

（3）事务室：不是由人事部门担任，而是由生产技术、IE、VE 等技术部门负责。非专业部门也可以参加。

2. 确定红牌对象

确定对象物品（零件、产品、文件、工具、货架、桌子、设备、容器类等）。

3. 确定红牌基准

由领导和事务室的成员设定划分必需品和不需要物品的标准。当生产现场的零件过多时，即使零件本身是必需的，但若没有放置在该车间的需要，对于该车间来说，零件仍然是不需要的物品。

4. 制作红牌（贴在不需要的物品上）、蓝牌（贴在希望保留的物品上）

事务室准备充足数量的便利贴（10 ㎝的正方形）。

5. 粘贴红牌

（1）事务室和领导巡视该车间，给不需要的物品粘贴上红牌。巡视之前应先联系该车间的成员。

（2）给所有不确定的物品都贴上红牌。

（3）需要备注时，用签字笔将备注写在红牌上即可。

6. 粘贴蓝牌

红牌粘贴后两天之内，该车间的成员给希望保留的物品贴上蓝牌，并写上理由。

7. 确定最终的红牌

（1）领导、事务室、基本成员共同讨论粘贴了红牌和蓝牌的物品。

（2）根据讨论的结果摘下确定为不需要物品上的蓝牌，摘下确定为必要物品上的红牌。

8. 清理红牌物品

确定日期（最迟一周之内）将红牌物品清除出车间。

9. 整理保留下的物品

（1）在清除红牌物品后整理该车间内的必需品。

（2）整理必需品时必须贯彻目视管理法（表示物品名称、数量、场所、期限等）

10. 总结红牌作战的成果

（1）对照红牌作战的目标把握实际成绩，评价此次作战。

（2）如果未能达成目标，就再进行一遍“红牌作战”。

11. 追踪和持续

事务室要持续监控车间动态，为防止出现后退情况要进行追踪检查。

E-02　业务盘点分析

定义　对现在职场中每个人的技术能力及每种业务上现有的技术能力进行分析。评价的不是每个人潜在的能力，而是现在职场中实际的工作能力。

用途　1. 提高生产效率　2. 减少不良　3. 扩充多种能力　4. 缩短开发周期

解说

1. 业务盘点分析步骤

（1）明确分析目的。（明确以什么为目标展开分析）

（2）选择分析对象车间。（确定分析哪个车间）

（3）决定对象职场中现在必需的技术能力。

（4）确定分析对象以及每个分析对象应该负责的业务。

（5）确定技术能力等级。等级划分通常如下所示：

I：在他人指导下完成作业

L：单人完成部分作业

U：单人完成全部作业

O：指导他人

（6）分析每个人的技术能力等级。（在与组长和车间熟练工合议后决定）

分析示例

对象人员＼必备技术	竖型车床	铰刀	NC 车床	制作封带	研磨机
人员 A	O	O	O	O	O
人员 B	O	O	U	L	O
人员 C	U	U	L	L	L
人员 D	L	I	责任外	责任外	I
人员 E	I	I	责任外	责任外	L

2. 制定技术能力提高计划

制定示例（部分）

对象人员＼必备技术	竖型车床	铰刀	NC 车床	制作封带	研磨机
人员 A	O	O	O	O	O
人员 B	O	O	U	L	O
人员 C	U	U	L	L	L
人员 D	L→O 6/20 人员 A 指导	I→U 5/30 人员 A 指导	责任外	责任外	I
人员 E	I→O 8/20 人员 B 指导	I→U 6/10 人员 B 指导	责任外	责任外	L

只有制定了技术能力提高计划，业务盘点分析才能发挥作用。 因此要根据本人的能力和车间需要制定具体的技术能力提高计划。

（1）针对每位员工，决定其指导者、本人应该达到的技术水平与到达的时间。

（2）进行指导（指导者要在完成自身工作的同时指导他人，因此必须采取工序管理、效率补偿等环境改善措施）

（3）追踪观测（建立定期追踪观测和认定试验的体系，提高本人积极性）

（4）为了应对新技术，提高业务能力，必须定期持续进行业务盘点分析和技术能力提高计划的制定。

E-03　行动力分析

定义　分析小团体活动中小组和个人的行动力（思维和行动）。

用途　1. 激发小团体活动的活力　2. 增进小团体活动的改善效果　3. 提高小团体活动中小组成员的能力

解说

1. 分析方法

（1）检查所有项目，依据现状水平确定是选择 A 还是选择 B，统计 B 的数量。

（2）若 B 的数量多于 A 则说明行动力卓越。

（3）定期、持续地进行分析，判断 B 的数量是否有所增加。

2. 诊断项目

（1）个人的行动力（理念：变身为充满积极性的人员→思考后再行动）

	A	B
1	只依照指示办事	寻求比上级所指示的更有效的工作方法
2	上司指示后才行动	上司指示前就行动
3	追踪后才报告情况	追踪前报告情况
4	经常封锁信息	不论信息的好坏都及时汇报
5	不能区分正常情况与异常情况	迅速判断异常情况并制定对策
6	只做轻松的工作	挑战自身能力以上的工作
7	安于现状	不断改善工作方法
8	不超越本职工作范围	从事本职范围外的工作

（2）小组的行动（理念：蜕变为充满挑战的小组→发挥团体效应）

	A	B
1	按自己的方式单独工作	实现同一业务的标准化、效率化
2	每个人的工作方法差异很大	统一工作方法（步骤、期限等）
3	信息多为私人所有	个人信息为全体成员共同使用
4	多次重复同样的失败经历	将个人的失败经验作为全体成员的教训以防止类似情况再次发生
5	无计划、无控制的改善较多	集体共同总结个人经验并进行优化
6	很多人对工作漠不关心，工作中的浪费情况较多	相互了解对方的业务，防止出现工作重复的现象
7	工作交接时出现损耗现象	相互了解对方的业务范围，防止出现工作断点
8	有人休息导致工作停滞	扩展自身的业务能力，相互完善补充

（3）小组领导的行动（理念：全员参与的活动→促进小组成员的成长）

	A	B
1	活动的主题是以小组为中心	按照车间的方针制定有挑战性的主题
2	只有领导一人努力，其他人漠不关心	责任划分至每个成员
3	强迫对方	尊重成员的自主性
4	会议发言较少，没有充分理解就采取行动	充分交流，互相理解
5	团体的作用没有体现，分散行动	营造共同促进工作的氛围
6	光说不做	决定后就迅速付诸实践
7	人际关系冷漠，车间关系不融洽	经常举办气氛轻松的联谊会
8	成员没有上进心，能力得不到提升	关注成员的成长

（4）小团体活动的行动（理念：与车间实际业绩直接联系的活动→为提高车间效率做贡献）

	A	B
1	没有灵活运用接收到的信息	提高获取信息的能力
2	不理解车间方针和当前应该做的事情	充分理解车间方针，明确应该做的事情
3	安于现状	认清浪费的现状，学习分析和改善方法
4	一时兴起的改善措施往往会使情况变坏	集思广益，努力研究最优方案
5	全部成员依赖于领导一人的努力	划分责任，提高参与意识，发挥集体作用
6	改善措施虽然有效但实施过程缓慢	采用分工制，与其他部门进行合作，迅速实施改善
7	改善效果倒退，没有发挥实际效果	制定新方法的统一规格，学习新方法，全体成员付诸实践
8	小团体的作用没有和车间成果相联系	活动成果对提高车间业绩作出很大的贡献

E-04　沟通能力分析（Communication）

定义　沟通是指通过交流信息和想法取得相互理解、互相信赖。沟通能力分析法比较理想沟通状态与现状沟通状况，寻找差距并进行改善。

用途　1. 提高企业活力　2. 提高业务人员活力　3. 提高生产率　4. 防止错误和不良

解说

理想的沟通体系

建立一个彼此能够交流信息和想法的组织	时常怀有新想法，畅所欲言，善于倾听	听对方说
		相互倾听
	通过交流，营造互相理解的职场环境	建立非正式的组织
		创造沟通的机会
提高信息质量，有助于解决问题	适时、适当地处理公共信息，有助于解决问题	不要封锁信息
		区分公私信息
		以解决问题为目的进行协商
		不要直接提出否定意见
		运用有助于交流信息和想法的方法

（续表）

<table>
<tr><td rowspan="11">提高信息质量，有助于解决问题</td><td rowspan="11">提高信息质量，不要偏离谈话主题</td><td>紧紧围绕主题推进协商</td></tr>
<tr><td>谈话不要一时兴起</td></tr>
<tr><td>谈话内容不要跳跃</td></tr>
<tr><td>推进谈话的同时要确保双方能够相互理解</td></tr>
<tr><td>谈话时要考虑对方的立场和心情</td></tr>
<tr><td>适当交换意见和建议</td></tr>
<tr><td>确认彼此想法</td></tr>
<tr><td>尊重组织，确保上意下达</td></tr>
<tr><td>确保信息有价值的同时还必须保证简洁、明快</td></tr>
<tr><td>信息必须有效、客观</td></tr>
<tr><td>信息必须正确、真实</td></tr>
<tr><td rowspan="4">以相互信任为基础，展示信义、诚意</td><td rowspan="2">为取得良好的沟通效果必须尊重人性</td><td>尊重对方的立场</td></tr>
<tr><td>以和善的态度与人接触</td></tr>
<tr><td rowspan="2">为取得良好的沟通效果必须守信</td><td>展示诚意和信任</td></tr>
<tr><td>不独断专行</td></tr>
<tr><td rowspan="10">明确信息的目的，确保对方理解事实（主要从说话方进行考虑）</td><td rowspan="4">明确传递信息的目的，进行必要的准备</td><td>自身要充分理解事实</td></tr>
<tr><td>事先整理，确定谈话要点</td></tr>
<tr><td>明确目的</td></tr>
<tr><td>明确想要传达的内容</td></tr>
<tr><td rowspan="6">将希望对方理解的内容放在首位，直接表达事实</td><td>使用日常使用的语言</td></tr>
<tr><td>使用易懂的语言、图形和数字进行表达</td></tr>
<tr><td>从对方的立场出发，用相通的语言进行交流</td></tr>
<tr><td>以事实为中心，不要夹杂主观感情</td></tr>
<tr><td>对自己所说的内容负责</td></tr>
</table>

（续表）

营造易于客观理解问题的方法、环境，展开交流（主要从说话方考虑）	抱有客观的态度，不要将自己的意见强加给别人	不要在固有观点基础上进行谈话
		推进谈话的同时要确保对方能够理解自己
	运用易于理解的表达方式，营造开放的氛围	采用易于理解和合适的表达方法
		营造明快、开放的谈话氛围
	在充分考虑传达的方法、时机、效果后再进行沟通	选择合适的沟通手段、方法
		选择最有效的时机进行谈判
		采用能够激发热情的方法
		向所有相关人员公平地传达信息
站在对方的立场上，为了解真实情况进行倾听（主要从倾听方进行考虑）	站在对方的立场上，尊重、理解对方真正的主张	与对方保持一致，充分理解对方的意图
		不要给对方传递出自卑感、恐惧感
		防止由于代沟产生的中断
		确认、归纳对方的谈话内容，确认其真实性
		运用5W1H法提问并进行整理和确认
		不要挑谈话中的毛病
	拿出勇气，接受对方任何的话语，与对方达成共识，探寻事实	不要以自我为中心
		不要只从表面上评价对方的发言
		用心倾听对方的要求
		体会谈话更深层次的内容
		了解对方语言中的真正意思
		不要轻易妥协
		站在对方的立场上倾听、理解对方
		倾听、理解反对意见

（资料来源：《企业内部沟通管理》，小林末男著，东洋经济新报社出版，1973，摘自图5-5“改进沟通”的意见体系图）

E-05　5S 检查表

定义　检查车间中 5S（整理、整顿、清扫、清洁、素养）的水平。 5S 通常作为小团体活动的初期主题而开展实施。

用途　1. 提高车间效率　2. 保证安全　3. 减少不良　4. 激发小团体活动的活力

解说

1. 5S 的定义

（1）处理：划分需要和不需要的物品，清理不需要的物品。

（2）整理：确保需要的物品随时能够取出使用。

（3）清扫：清扫车间的垃圾、污渍。

（4）清洁：保持车间无垃圾、无污渍的状态。

（5）素养：养成维护已确定的习惯。

2. 5S 检查清单示例

分类	NO.	检　查　项　目	评
通道	1	是否用黄色或白色明示通道？	
	2	表示通道的线是否醒目？	
	3	是否经常清扫通道（垃圾、灰尘、碎渣、油污等）？	
	4	通道上是否有障碍物（材料、推车、物品等）？	
	5	通道上是否放置了推车、铲车？	
	6	通道上是否在进行作业（得到上司批准的情况除外）？	
	7	通道上的软管、电线、配管铺设状态是否安全？	

（续表）

分类	NO.	检 查 项 目	评
机械、设备	8	是否明确了操作负责人？	
	9	机械、设备上是否粘附有灰尘、碎渣、垃圾等？	
	10	机械、设备是否生锈？	
	11	是否在机械、设备的顶部或周围放置了不必要的工具？	
	12	是否写明该区域严禁入内？	
	13	是否将不需要的机械、设备放置在指定场所？	
铲车	14	是否明确了操作负责人？	
	15	不使用时是否放置在指定场所？	
	16	不使用时是否放下了铲车的铲斗？	
	17	充电的电线是否妨碍通行、通车？	
零件、在制品、产品	18	是否明示了放置场所？	
	19	放置方法是否错误、混乱？	
	20	货盘是否按工厂规定进行堆放（得到上司批准的情况除外）？	
	21	是否明示了产品名称、数量？	
	22	是否明确划分了产品名称、数量？	
服务	23	是否穿着工厂指定的工作服？	
	24	是否戴着工厂指定的帽子？	
	25	是否戴着工厂指定的安全帽？	
	26	是否穿着工厂指定的安全鞋？	

（续表）

分类		NO.	检 查 项 目	评
事务所	事务机	27	办公桌是否杂乱无章？	
		28	办公桌的抽屉和柜门是否开着没关？	
		29	办公桌底下是否放了东西（鞋子、零件、拖鞋、抹布等）？	
		30	离席时是否将椅子放回办公桌处？	
		31	是否对办公桌、椅子进行了清扫？	
	办公桌、椅子	32	保管用品的上方是否放置了其他物品？	
		33	保管用品的内部是否经常进行清扫整理？	
		34	保管用品的内部是否放入了私人用品？	
		35	保管用品的抽屉和柜门是否开着没关？	
		36	保管用品的内外部分是否经常进行清扫？	
	保管用品	37	烟灰缸中是否有烟蒂以外的东西？	
		38	垃圾箱是否挡路？	
		39	垃圾箱的上方是否放置了物品？	
		40	垃圾箱、烟灰缸中的垃圾和烟蒂是否及时清理？	
工厂内		41	是否掉落了烟蒂和纸屑？	
		42	是否对废料处理场进行了清除和整理？	
		43	空货盘（零件、产品）的放置方法是否合理？	
		44	是否分类处理车间中产生的垃圾？	
		45	是否明示了危险物品的回收场所？	
		46	危险物品的回收场所是否有纸屑等危险物品以外的东西？	
		47	是否按照法律法规等规定进行管理？	

（资料来源：《职场小团体活动手册》，出口仍康/田中直子著，产能大出版部出版，1981，P239~240）

E-06　连续性（生产曲线）分析

定义　在个人作业中，对作业者作业持续性的分析。

用途　1. 提高积极性　2. 提高作业效率　3. 防止出现不良、失误

解说

1. 连续性分析的步骤

（1）选定分析对象。

没有达到标准生产能力的作业人员、新人等。

（2）分析每名作业人员每 30 分钟的产量。1～3 天的平均值记为（A）。

（3）运用秒表法分析每名作业人员的作业时间。计算 5 次～10 次左右的平均值。然后，计算 30 分钟时实际的生产数量。

（4）计算标准时间（ST）进度下每 30 分钟的生产数量（C）。

通常（B）<（C）

（5）绘制生产曲线（将每 30 分钟的生产量和瞬间作业时间记录至图表中）。

2. 提高连续性的注意点（总结）

（1）明确生产目标。

（2）严格遵守开始、结束、休息的时间。特别是开始作业、早饭结束时使用打铃的方法效果更佳。

（3）通知作业人员标准作业时间。

（4）对作业人员进行教育、培训。

（5）设置休息室。

（6）保持良好的人际关系。

NO.	典型生产曲线模型	原因	对策内容
1	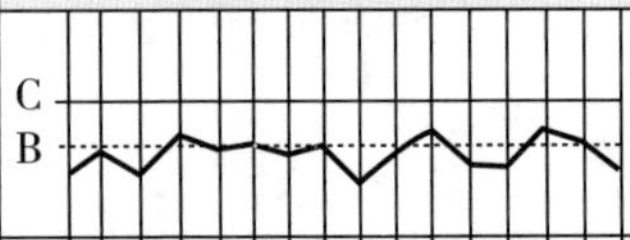 C B	虽然保证了连续性，但作业不熟练，作业动作中存在浪费。	分析作业动作，去除浪费动作。指导标准作业方法。
2	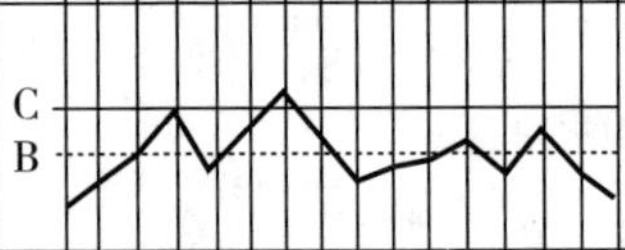 C B	工作准备得晚，提早结束工作等，作业时间要求松，也没有连续性。	进行作业指导，提高积极性。明确规定每天必须实现的生产数量。
3	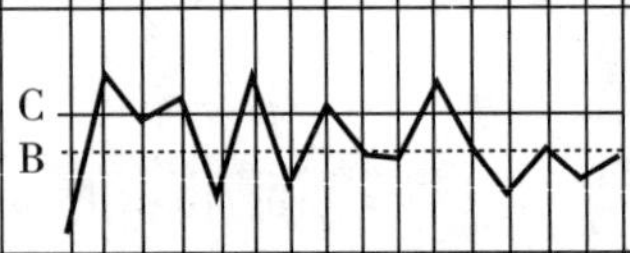 C B	有能力但没有连续性。有时还会对周边的作业人员产生负面影响。	通过扩充职务改变单调作业，使作业分担有一定的变化，提高积极性。
4	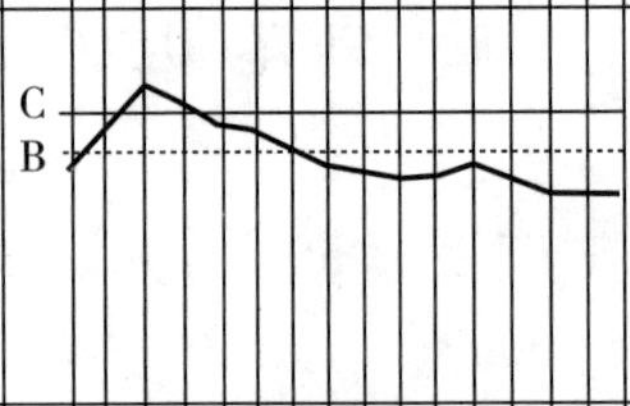 C B	不适应作业、弱视或者作业环境恶劣（照明、温度、湿度等）的情况下会出现此种情况。	改善方法包括通过适时检查进行适时安排，配戴眼镜改善环境等，忠厚老实的人多有此种倾向，有必要改善人际关系。
5	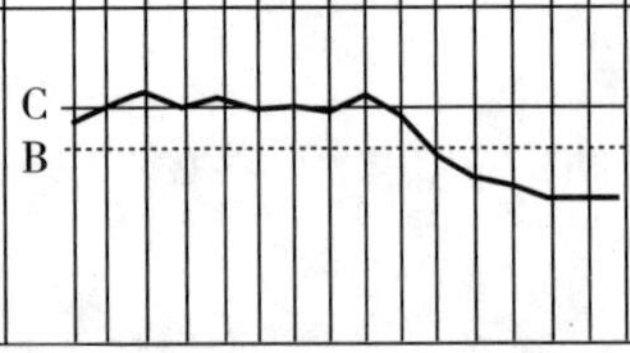 C B	虽然有能力也有连续性，但认为工作做的比别人多就是吃亏的人多有此种倾向。	这种倾向多见于外国工人中，提高劳动热情的方法或者绩效工资都是改善这种情况的方法之一。

开始作业后30分钟开始到作业结束，每30分钟为一时间段。

E-07 职工满意度分析

定义 分析职工在物质上、精神上的满意度。

用途 1. 提高职工的积极性 2. 提高业务效率 3. 增加企业活力

解说

1. 职工满意度公式

$$职工满意度=\frac{对公司经营政策的参与度\times 有归属感的车间}{不公平的待遇\times 信息中断}\times\frac{动机形成的原因（满意原因）}{卫生原因（不满意原因）}$$

2. 卫生要素和动机形成要素

（1）卫生要素

带来不满或消除不满的要素。例如：恶劣的人际关系，不公平的审定、3K（脏、累、险的日文罗马字首字母都是 K）车间等。因为这些要素带有消除车间中发生的各种不快、维护良好环境的可能性，所以被称作“环境要素”。但仅仅消除了不满要素是不能够形成满意要素的。

（2）动机形成要素

带来满意度的要素。例如：完成工作、升职等。这些要素可以通过工作自己实现，是动机形成的要素，因此被称作“动机形成要因”。

3. 职工满意度的分析步骤

（1）首先指出不满意的要素，改善这些要素，消除不满意要素。

（2）其次分析动机形成要素，进一步充实内容。提高职工满意度让职工对车间产生归属感。

4. 提升职工满意度的主要对策

消除卫生要素	增加动机形成要素
1. 改善重视劳动的企业方针 2. 改善 3K 车间的环境 3. 改善刻板的人际关系 4. 消除信息中断的情况 5. 避免出现不公平的升职情况，实现工资公平化 6. 从过于严厉的管理中解放出来 7. 从扣分主义中解放出来 8. 从追踪管理到预测管理 9. 消除分段业务 10. 改善不合适的标准时间和效率管理	1. 引进小团体活动并激发其活力 2. 引进目标管理法 3. 充实业务（负责高质量的业务） 4. 扩大职务（增加工作量） 5. 取得公司、国家资格证书 6. 提供公平升职的机会 7. 引进弹性时间制 8. 扩大工作的自主权限 9. 委托、转让权限 10. 连续的小规模成功 11. 自我完结型业务 12. 恰当地评价和处理业务 13. 信息共享 14. 组织扁平化 15. 提供自我启发的机会

(资料来源：《经营事典》，饭野启二、盐入肇著，日本实业出版社出版，1989)

E-08　小团体活动目标分析

定义　分析小团体活动中的小组目标对企业、小组和个人能否产生积极效果。

用途　1. 激发小团体活动的活力　2. 促进企业发展　3. 促进个人成长　4. 增加小组对企业的贡献度

解说

小团体活动中目标设定的注意点

NO.	项目	注意点	要点
1	具体性	目标是否以目标项目的形式进行了合适的表示？	若目标过于抽象则难以制定对策。
2	主体性	在完成目标的过程中，个人或小组是否发挥了主体性？	若没有发挥主体性则难以激发成员的热情。
3	持续性	在完成目标的过程中，是否需要一定时期内的持续努力？	不适合将一个月等短期就可以完成的活动作为目标。
4	可能性	虽然目标有一定的完成难度，但在开始阶段能否预测有完成的可能性？	过于困难的目标难以形成动机。
5	重要性	作为个人或小组努力的对象或者目标是否有价值？	个人或成员若体会不到为了目标而努力的价值，就不会认真对待活动，也不会团结起来全力参与活动。
6	业绩性	作为活动结果的目标是否与业务的改善和提高相结合？	若目标和工作的联系不紧密，就会出现“工作很忙，先忙手头的工作，这个工作就先不做了”的思想，活动自然也会延后。
7	迫切性	目标是否有必须优先处理的切实需要和紧迫性？	成员经常会以没有数据，难以测试目标值为借口而回避最紧迫的目标，而以第二、第三个方案为目标。这样做的结果就会导致本该首先解决的目标没有优先解决，也就不能集中所有成员解决既定的目标。

（续表）

NO.	项目	注意点	要点
8	创造性	在完成目标的过程中是否有创造性？	理想状态是在努力的同时促进必要的方法改善，激发成员的创新意识，或者提高改善方案的积极性。
9	方向性	目标与管理者所期待的是否一致？	目标若与管理者所期待的不一致，管理者就会对活动漠不关心，指导热情也就难以激发出来。
10	关联性	小组活动时有时需要制定个别目标，个别目标项目之间是否具有关联性？	个别目标项目之间若有关联性，在完成目标的过程中小组成员之间就会有合作关系，因此应事先在设定阶段就研究关联性。但偶尔也会出现即使没有关联性，目标的设置也很恰当的情况。
11	共通性	小组内的目标是否有共通性？	制定的计划若在小组内部没有关联性，一部分的小组成员就有可能脱离组织。

E-09　工作扩大化分析（Job Enlargement）

定义　分析职工负责业务的范围。此外，质量分析可以丰富工作内容。

用途　1. 提高积极性　2. 提高业务效率　3. 提高职工满意度

解说

1. 工作扩大化和工作丰富化

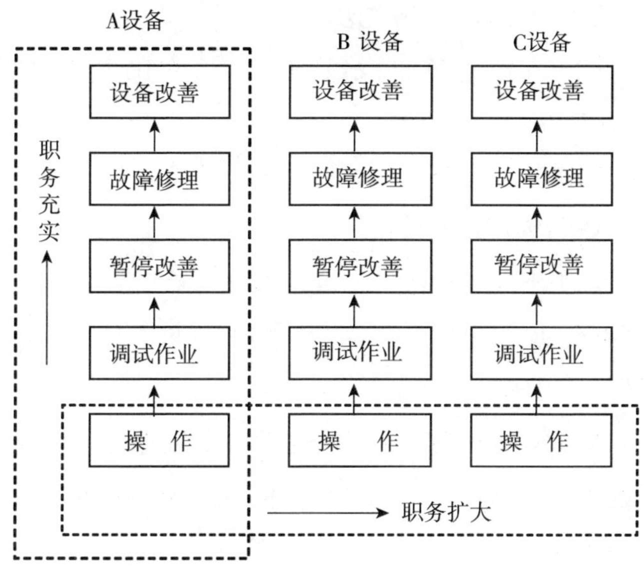

（1）工作扩大化

上图展示的是扩大同一性质工作的范围。尽管是以操作工作为例，像整备、故障改善等工作中，横向扩展业务都属于工作扩大的范围。

（2）工作丰富化

如上图所示为提高工作质量的活动。

2. 工作扩大化的目标

工作扩大化的目标是为了营造能够激发作业人员工作热情的环境，因此不能仅从提高生产率的方面进行判断、分配作业。工作扩大化中必须包含能够激发工作人员积极性的要素。从这一点上可以看出工作扩大化往往会伴随工作丰富化。

3. 工作丰富化分析的步骤

（1）一人负责多台设备的工作扩大化（利用作业人员的空闲时间）

①通过盘点业务，分析作业人员负责的同性质作业和作业人员应掌握的技能。

②通过分析人机图，计算作业的富余时间。

③在作业富余时间内绘制能够同时操作其他设备的人机图，寻求作业时间的改善。

④通过作业改善、动作改善、布局改善等，使多台设备的操作可以在同一工序或不同工序间同时进行，并制订相应方案。

⑤通过作业指导、作业训练提高作业人员的技能，实现多台设备同时作业。

（2）负责一台或多台设备工作的范围扩大化（在车间作业中，为了消除作业者的等待时间，引入流水线作业（即按照作业者运送产品的顺序推进作业在不同工序间开展等方面，极为有效））

①通过盘点业务，分析作业人员负责的同性质作业和作业人员应掌握的技能。

②通过改善作业、动作、布局，帮助同一作业人员有效转移必要的设备（作业）。

③确立作业标准，制作作业指导书。

④通过作业指导、作业训练提高作业人员的技能，实现多岗作业。

⑤通过改善生产计划，避免出现作业人员空闲或机械空置的情况。

E-10　工作丰富化分析（Job Enrichment）

定义　分析职工负责业务的质量等级。 此外，工作范围分析可以丰富业务内容。

用途　1. 提高积极性　2. 提高业务效率　3. 提高职工满意度

解说

1. 职务充实的目标

根据马斯洛的五欲望论，人的欲望可以分为生理欲望→安全欲望→归属和感情欲望→被人尊敬欲望→自我实现欲望，这五阶段的欲望是不断向高级发展的。 当人们不再从事单调的工作而是从事具有创造性并且能够自我实现的工作时，职工的积极性和满意度就会有所提高。 而“职务充实”就是满足人类的高级欲望，提高职工满意度的方法之一。

2. 负责职务的现状分析（参照下表）

职务分担现状表

对象 职务 / 业务划分 区分		作业人员		指导人员		组长		维护人员		设备开发负责人员		制造技术负责人员		质量保证		装置制造商		生产部门		会计部门		管理者	
		分派	能力	分派	能力	分派	能力	分派	能力	分派	能力	分派	能力	分派	能力	分派	能力	分派	能力	分派	能力	分派	能力
操作、准备	实际作业																						
	设定标准时间																						
	改善作业																						
整备	实际作业																						
	设定标准时间																						
	改善作业																						
清扫、检修	实际作业																						
	设定标准时间																						
	改善作业																						
暂停	分析、找出原因																						
	改善、去除原因																						
故障	分析、找出原因																						
	改善、去除原因																						
PM	进行 PM 作业																						
	改善作业方法																						
管理质量	收集实际业绩																						
	改善质量																						
工序管理	制定生产计划																						
	遵守生产计划																						
	缩小生产差异																						
成本管理	确定成本预算																						
	控制成本																						
	缩小成本差异																						

3. 制作以职务充实为目标的职务分担图

（1）将现阶段负责业务的职位填入“分派”栏中。

（2）不要考虑该人现有的职务，而是要记录其工作能力。

（3）以自我实现、自我完结型的业务分派为目标，根据不同的职务名称制作新的负责业务表。

（4）填入与新的负责业务相对应的期待能力。

（5）为拥有期待的能力，进行指导和训练。

（6）为提高由工作丰富化带来的满意度，标有○的业务分派占业务划分的90%以上，即为理想状态。

（7）在不使用设备的手工作业情况下，要从业务划分中去除与设备相关的业务，再根据图表展开新的分析。

分派和能力的说明

符号	×	△	○	◎
分派	候补	支持	主导	领导
能力	无关	学习后可以操作	单人可以操作	可以指导他人

E-11　创造性分析

定义　测试人的创造才能。

用途　1. 提高创造力　2. 对车间中的各项工作进行恰当的安排　3. 增加知识产权　4. 开发新产品

解说

1. 人的创造性才能

①记忆型（模仿型）：尽量完整地保存已经学到的知识。 较少地对经验知识进行各种加工、变形、综合，擅长原封不动地复原知识。

②思考型（创造型）：不喜欢原样保留已有知识，而是不断考虑是否有更优的做法。 这种才能被称作创造性才能。

2. 创造性测试（参照下页表）

测试创造性才能的方法，典型的测试就是“砖头的用途”。

测试内容：

尽可能多的列举“砖的用途”，在一定的限制时间内（10 分钟左右）分条列举砖的用途。

3. 其他测试示例

（1） 西瓜皮的用途

（2） 旧裤袜的用途

（3） 聚乙烯塑料瓶的用途

测试的评价

评价项目	评价内容	评价得分
1. 流畅性（思考的速度）	总结恰当建议的数量。（该项主要是考察思考的速度、动机形成的强度。得分高的人则说明其聪明、灵活）	
2. 灵活性（思考的广度）	观察列举的建议中包含了多少种观点。如果只是列举了砖头的建筑用途，如“砌墙”、“砌壁炉”等则视为同一种观点。如果列举了“腌制咸菜时的压重石头”、“当铅球投掷”、“做石灰岩”等这些脱离了砖头固有用途的观点，则视为其他观点。（主要考察思考的广度。得分高的人则说明其视野开阔，可以适应不同的工作。）此外可通过预备试验事先制作一张包含各种观点的一览表，便于做出正确、迅速的评价。	
3. 独创性（思考的独特性）	总结恰当且独特的建议的数量。基本做法是，记录每个观点出现的频率，判断出现频率少的观点作为答案是否恰当，总结通过了以上两项审查的建议的总个数。（主要考察思考的独特性。得分高的人说明其容易思考出新内容，这是与企业业绩联系最紧密的因素。）	
4. 具体性（思考的深度）	评价列举出的建议，判断对象的功能、位置及其行动、目标是否明确。例如经常会出现类似于“做玩具”这样的回答，但这样的回答并没有明确写出怎么使用、怎么玩。因此对于这样的回答就评价为不够具体。（得分高的人说明其拥有实际、清晰的思考习惯。该因素与技术股的业绩联系紧密。）	

（资料来源：《创造性的开发》，恩田彰、野村健二合著，讲谈社科学启蒙类，1965，P170、171）

E-12 注意力分析

定义 测试人的注意力，制定适度的配置基准。

用途 1. 防止作业错误 2. 提高积极性 3. 提高作业效率

解说

1. 注意力测试的思路

有的人，生性容易犯错误，即使并非如此，在苦恼的时候，或者工作之外有了特别关心的对象（如女朋友），或者环境恶劣的时候（如饭后犯困，天热犯困等），或者在迷糊的时候，或者在单调无聊的时候，或者在心烦的事发生的时候，人们就容易犯错误。事先找出易犯错的人，将此人的作业配置和预防失误发生的组织构造作为判断依据进行注意力测试。

2. 注意力测试的注意点

注意力测试的方法是从和原型相似的众多选项中找出和原型相同的选项。在 1 分钟的短时间内进行测试，通过回答的数量和正确率评价注意力。正确率高但回答数量少或回答数量多但正确率低的人都是注意力有问题的人。

3. 注意力测试示例

（1）文字示例

找出与原型相同的模型编号，填入答题纸中。时间为1分钟。

原型	a	a	b	b	b	a	a	c	c	c	c	a
问题1.	a	a	a	b	b	a	c	a	c	c	a	a
2.	a	a	b	b	b	a	a	c	a	c	c	a
3.	a	a	a	a	b	b	a	b	a	b	c	a
4.	a	a	b	b	b	a	a	c	c	c	c	a
5.	b	b	a	a	c	c	a	b	b	c	c	a
6.	c	c	a	a	c	c	b	b	a	c	c	a
7.	a	a	b	b	b	a	a	c	a	c	c	a
8.	a	a	b	b	b	a	a	c	c	c	c	a
9.	a	a	a	b	b	a	c	a	c	c	a	a
10.	a	a	b	b	b	a	a	c	c	c	c	a

实际操作中会设置大约100道问题。

（2）点线（只出示模型）

模型 — —— - – – – —— – –

（3）模型认知（只出示模型）

模型

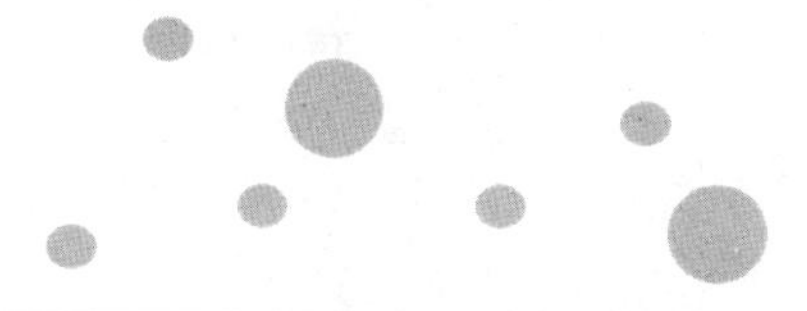

该种方式适合检查员使用。

E-13 智力分析

定义 对小组成员的判断力、常识、基础知识、专业知识的理解度、能力进行分析的方法。适用于评价小团体活动等级。

用途 1. 激发小团体活动的活力 2. 提高车间效率 3. 提高小组成员的能力

解说

1. 工作所必备的知识和能力（参照下表）

2. 分析方法

智力分析作为自我启发的一个环节可以进行自我检查，在小组学习会上如能实现推动小组进步，则极为理想。另外，在实际运用中希望各部门可以将智力分析换作适合本部门特点的项目。

	项 目	应掌握的主要知识和能力
提高效率	理解效率车间的方针	(1) 理解工厂指标 (2) 理解车间指标 (3) 理解预算方针 (4) 理解长期计划
	拟定并参与制定效率车间方针计划	(1) 参与产品计划 (2) 参与预算计划 (3) 参与改革计划 (4) 参与新技术开发计划
	解决车间问题	(1) 理解对象 (2) 识别问题的能力 (3) 改善愿望 (4) 效果计算方法 (5) 成本构成
	改善车间浪费情况	(1) 认识浪费的情况 (2) 识别问题的能力 (3) 改善愿望 (4) 改善自律性 (5) 改善 T、T

（续表）

	项目		应掌握的主要知识和能力
提高能力和资质	专有技术	自身业务	(1) 产品知识 (2) 生产过程 (3) 作业规格 (4) 消耗单位 (5) 生产效率 (6) 物流
		相关业务	(1) 成本管理 (2) 生产管理 (3) 信息化技术 (4) 自动化技术 (5) 销售管理 (6) 劳务管理
	相关知识	工作的开展方法	(1) 期限管理 (2) 预测管理 (3) 异常情况对策 (4) 顺序优先 (5) 生产理念 (6) JIT
		分析方法	(1) IE 法 (2) VE 法 (3) 系统方法 (4) QC 方法 (5) 业务分析 (6) 信息分析
		问题解决方法	(1) KJ 法 (2) KT 法 (3) BS 法 (4) NM 法 (5) 试验计划法 (6) 戈登法 (7) 感觉
		改善方法	(1) IE 法 (2) VE 法 (3) JIT (4) TPM (5) 把握浪费的情况 (6) QM
		改革方法	(1) CIM (2) TOC (3) TQM (4) SCM (5) ERP (6) 6σ (7) BPR (8) BM
	基础知识	一般知识	(1) 语言学 (2) 数学 (3) 物理学 (4) 经济学 (5) 信息处理技术 (6) 人力工程学 (7) 销售
		学问	(1) 故事、格言 (2) 外交技巧 (3) 动植物、生态学 (4) 文化、文明 (5) 吉尼斯 (6) 俳句
	行动力	表现力	(1) 说话技巧 (2) 写作能力 (3) 清除的表达思想 (4) 图表化 (5) 计算机软件 (6) 电子黑板
		思考力	(1) 创造性 (2) 灵活性 (3) 新颖性 (4) 奇特性 (5) 图形识别能力 (6) 右脑能力
		谈判能力	(1) 说服力 (2) 沟通能力 (3) 良好的人际关系 (4) 社交性 (5) 责任 (6) 坦诚
		信息收集能力	(1) 阅读能力 (2) 观察能力 (3) 听力 (4) 记忆力 (5) 归纳能力 (6) 收集能力 (7) 识别异常情况的能力
	提高积极性		(1) XY 理论 (2) 赫兹伯格理论 (3) 行动科学 (4) 心理学 (5) 欲望论 (6) 霍桑试验 (7) 职工满意度 (8) 工作价值 (9) 使命感 (10) 工作丰富化、扩大化

（续表）

	项　目		应掌握的主要知识和能力
建立车间	团队合作	领导能力	(1) 2、6、2原则 (2) 协同效果 (3) 集体活力 (4) 带头模范作用 (5) 预见性 (6) 决断力 (7) 表扬和批评方法 (8) 多方协调能力 (9) 自我启发能力
		成员参与能力	(1) 协调性 (2) 合作性 (3) 参与意识 (4) 理解力 (5) 自我启发能力 (6) 分派任务的能力
	沟通	行动	(1) 顾客 (2) 上司 (3) 同事 (4) 下属 (5) 相关车间 (6) 相关公司 (7) 外包 (8) 实际行动
		知识	(1) 乔哈里之窗 (2) 行动规范 (3) 伟人的行动座右铭 (4) 故事、格言 (5) 期待与激励
安全保障	4S	清理	(1) 产品、零件、原材料 (2) 设备、夹具 (3) 容器 (4) 搬运工具 (5) 废弃物 (6) 文件 (7) 信息工具 (8) 事务室 (9) 福利保健设施 (10) 建筑外 (11) 无尘室
		整理	
		清扫	(1) 清扫方式 (2) 清扫周期 (3) 清扫负责人 (4) 洁净度 (5) 清扫规格 (6) 维护管理
		清洁	(1) 服装 (2) 安全用具 (3) 车间环境 (4) 身体 (5) 规格、基准 (6) 维护管理
	安全、卫生		(1) 安全知识 (2) 安全基准 (3) 安全对策 (4) KYT (5) 健康管理 (6) 安全检修
确立基本思想	公司（企业）规章		(1) 公司内规则 (2) 保守企业秘密 (3) 工作规章 (4) 劳动协调 (5) 公私划分 (6) 信息
	公司员工	公司知识	(1) 企业精神 (2) 组织 (3) 历史 (4) 总经理的方针 (5) 风土 (6) 社会贡献 (7) 环境对策
		工厂知识	(1) 生产理念 (2) 核心竞争力 (3) 产品知识 (4) 组织人事 (5) 工厂方针
	社会公民	正确判断力	(1) 社会道德 (2) 社会一般想法 (3) 法律、条例 (4) 社会理念 (5) 人类的爱心 (6) 保护地球
		常识	(1) 生活习俗 (2) 社会形势 (3) 经济形势 (4) 政治形势 (5) 国际形势 (6) 国际管理 (7) 地球环境问题 (8) 劳动环境 (9) 国际贸易 (10) 流行

E-14 人为失误分析

定义 分析生产现场的人工作业中，由于人为疏忽造成的失误现象及其原因，防止失误再次发生。

用途 1. 减少不良 2. 消除作业错误 3. 提高作业效率 4. 提高办事效率

解说

1. 何谓人为失误?

要求人所具备的职能与实际人所发挥的职能不一致而产生“人为失误”。 人为过失会以某种形式对整个系统造成不良影响。

2. 人为失误的分析内容（制作成标准格式）

项目	内 容
①出现时间、场所	错误发生的时间、场所
②造成错误的人员	造成错误的人员姓名。并且记录该人员是第几次造成该种错误
③出现频率	该种错误在车间已经出现过几次、频率是多少
④现象	详细叙述错误的现象
⑤调查结果	谁进行了怎样的调查，调查结果如何
⑥原因	错误的直接原因和起始原因
⑦处理内容	何人在何时采取了怎样的措施（即人对物）

（续表）

项目	内　容
⑧防止失误再出现的对策	为防止错误再次出现的对策内容
⑨损失金额	错误造成的损失
⑩行动	其他的类似作业、对类似设备的处理、联络相关部门、修订图纸规格

3. 人为失误的原因划分

将可考虑到的要素用系统图法进行归纳。

项目	详细划分示例
①车间环境	(1) 震动、噪音剧烈 (2) 湿度、温度条件不合适 (3) 照明条件不合适 (4) 曝晒 (5) 零件配置不合适 (6) 作业台不合适 (7) 布局不合理 (8) 灰尘多
②产品零件	(1) 次品 (2) 公差限制品 (3) 零件错误 (4) 污染、变形 (5) 特别品
③图纸规格	(1) 次品 (2) 公差限制品 (3) 零件错误 (4) 污染、变形 (5) 特别品
④人员的活动	(1) 作业不熟练 (2) 性格不合适 (3) 瞌睡 (4) 聊天 (5) 错觉 (6) 需要高度的熟练度 (7) 疲劳 (8) 精神状态不稳定 (9) 生病 (10) 作业姿势不当
⑤管理	(1) 作业指示不恰当 (2) 工具不合适 (3) 测试器不好用 (4) 沟通不足 (5) 培训训练不足

4. 除错的体系

为防止出现人为失误，除错设计的效果明显。 重点是，除错设计不仅对排除由于犯困而造成的失误效果明显，而且可以应用到所有的作业中。

规避功能（规避异常的功能）	详细划分示例
①规避式 当出现异常时，为避免不良阻止工作运行的体系。例如：停止机械运转、中止传送带、取下夹钳等最大强度的规避方法。	①接触式 接触物品，通过物品的形状、大小的特点检测有无异常发生的方法。例如：安装不支持零件反向装配的装置。 ②定数式 检测动作次数错误而导致的“异常”。如，正常需要组装 10 枚零件，若组装 9 枚或 11 枚就是异常。
②提醒式 当出现异常时安装“红灯亮、警报器响、警告灯闪烁”等提醒装置。若作业人员没有注意到提醒，异常情况将会不断恶化，因此该方法适用于实际损害不大的情况。	③动作步骤法 本来需要操作的步骤没有执行，无法推进下一步的进行，也产不出产品，即此种机制。

E-15 管理诊断

定义 综合评价管理者的管理水平，提高其能力的方法。

用途 1. 激发车间活力 2. 提高管理者能力 3. 提高车间生产率 4. 提高职工的资质和能力 5. 营造公正的车间环境

解说

围绕以下 6 个项目（A ~ F）进行自我评价，改正薄弱的环节。 必要时要附带上司和下属的评价。

1. 评价项目

A 明确定量化目标	评分
1. 定量明确车间方针	
2. 明确自身所处的组织和职务范围	
3. 明确业务理念	
4. 贯彻目标管理法（目的、目标、输出、方法、期限）	
5. 实现与上司、下属信息共有化	
6. 持续定期地召开车间会议	
7. 制定、出示业务中长期计划	
8. 出示业务结果的定量改善目标	
9. 出示业务过程的定量改善目标	
10. 展现与其他顶级公司的差距	

B 完善业务环境	评分
1. 去除阻碍下属实施业务的要素	
2. 取得与其他部门和专家的配合	
3. 实现业务标准化（避免出现按自己方式实行作业的情况）	
4. 建立和维护信息系统	
5. 建立和维护基准、规格系统	
6. 引入最新的信息工具，实现网络化	
7. 根据不同的目的设置不同的区域（业务、会议、素养）	
8. 确保舒适的环境（湿度、温度、噪音）	
9. 实现个人信息的公有化	
10. 实现高信息效率的布局	

C 恰当的业务指示和追踪	评分
1. 恰当公正地评价和追踪	
2. 及时指示、快速反应	
3. 培养自我完结型的业务完成能力	
4. 预测、控制	
5. 定量把握个人业务量、实现业务均衡化	
6. 明确业务的优先顺序	
7. 设定与业务顺序相对应的管理要点	
8. 发挥下属的特长、分配适合其特点的岗位	
9. 文件的双向信息传达	
10. 及时应对异常情况	

D 下属的积极性	评分
1. 制作和运用恰当的业务完成评价基准	
2. 积极地将权限委任给下属（发掘下属潜能）	
3. 一旦有坏消息就迅速反馈	
4. 在上司提醒之前采取正确的行动	
5. 自觉及时地应对异常情况	
6. 经常挑战自身能力以上的工作	
7. 经常从事职务范围以外的工作	
8. 鼓励自我启发	
9. 积极获得公司、国家资格	
10. 保持劳动价值、工作价值的意识	

E 提高、培养能力和资质	评分
1. 传授自己的经验、技术	
2. 引入新方法、新技术，提供实践机会	
3. 言行一致、模范带头	
4. 发生问题时立刻实施 JIT	
5. 与研究报告、专利的目标件数相一致，进行追踪观察	
6. 提供增加经验的机会	
7. 关心和提供获得各种资格的机会	
8. 提供系统的培训，并提供实践机会	
9. 对下级进行培训指导和业务指示	
10. 制定和实践个人培养计划	

F 营造公正的车间环境	评分
1. 消除公私纠纷	
2. 贯彻 5S（清理、整理、清扫、清洁、素养）	
3. 和下属保持共同的识别问题的意识	
4. 和下属有共同的话题（消除代沟）	
5. 实施公平的奖罚制度	
6. 指出缺点、表扬优点	
7. 从一开始就致力于提高下属的参与意识	
8. 发挥相互支持、相辅相成的作用	
9. 保持相互信赖的关系（消除性骚扰现象）	
10. 积极参加非正式会议	

2. 评价基准示例

评分	1	2	3	4	5
等级	非常不充分	不充分	一般	充分	非常充分

3. 将评价结果绘制成雷达图

将评价结果用雷达图表示出来，优点、缺点便可一目了然，改善效果明显。

短评栏

生产率指标

生产率简言之就是生产要素输入量和输出量的比例。 由于输出量和输入量两个词语使用广泛，有时可能会出现歧义。

因此下面整理的是经常使用的生产率指标。

$$劳动生产率(千日元)=\frac{附加价值(销售额-可变费用)}{职工人数}$$

也称作“附加价值生产率”。

$$资本生产率(倍)=\frac{附加价值(销售额-可变费用)}{机械设备金额}$$

这是观察设备机械投资效率的指标。

$$作业运转率(\%)=\frac{标准时间\times合格品生产数量}{实际工作时间-不工作时间}$$

这是观察人的工作状态的指标。

$$设备运转率(\%)=\frac{实际运转时间}{实际工作时间-空运转时间}\times100$$

这是观察设备运转状态的指标。

$$每人的营业利润（千日元）=\frac{营业利润（销售总利润-销售费用、管理费用）}{职工人数}$$

这是观察每名职工的盈利情况的指标。

$$每人的生产额(千日元)=\frac{纯销售额-该期产品的购入成本}{职工人数}$$

$$每人的加工额(千日元)=\frac{加工额}{职工人数}$$

此处的加工额＝生产额－（直接材料费用+购入零件费用+外包费用+间接材料费用）

$$加工额比率(\%)=\frac{加工额}{生产额}\times 100$$

表示本公司生产额中的加工额所占的比例。也称作“附加价值率”。

$$加工额人事费比率(\%)=\frac{加工额}{生产额}\times 100$$

该比率也可以称作劳动所得分配率。

$$劳动装备率(\%)=\frac{有形固定资产(去除建筑、附带设备)}{职工人数}$$

这是观察生产设备、信息系统实力的指标。

E-16　管理能力坐标方格分析

定义　分析经理对员工和生产的关心程度。

用途　1. 提高经理能力　2. 激发车间活力　3. 提高车间生产率

解说

1. 管理能力坐标方格

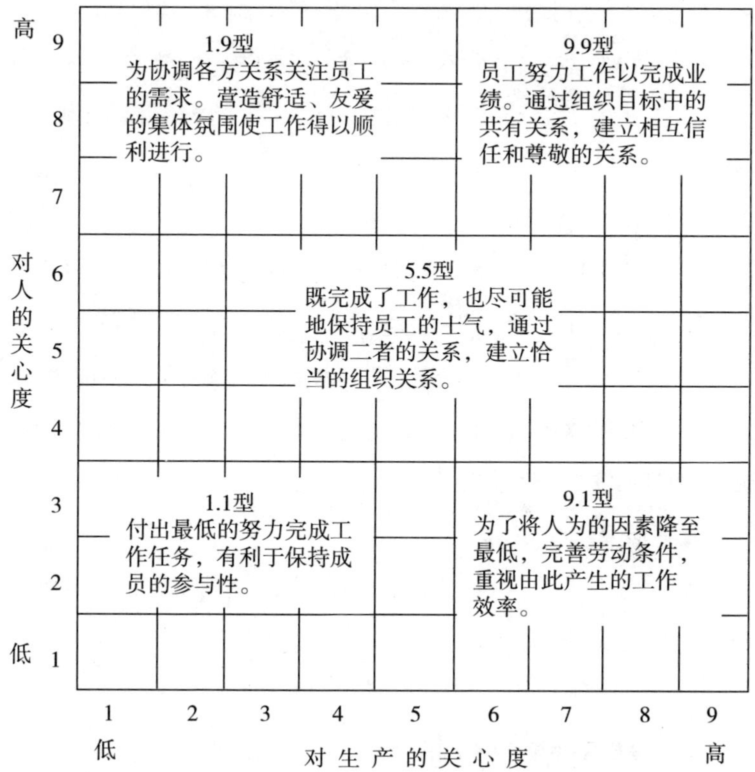

（资料来源：《行动科学》，美国产业会议编，犬田充译，日本能率协会出版，1975，P103）

2. 各类型的特点

（1）9. 1 型：此类型的经理最关心生产，但丝毫不关心员工；关心地位、身份、权威，但不关心人际关系和互帮互助的作用，不重视对下属的启发和信息的传达。

（2）1.9型：此类型的经理十分重视幸福和谐的劳动关系，但对生产的关心仅仅局限于不压迫下属而已；不会传达坏的消息；容易营造良好的车间环境。

（3）1.1型：淹没在下属中的经理。无论对生产还是对员工都只给予最少的关心，只是一心等待安全退休。

（4）5.5型：此类型的经理会在车间中营造一种机关作风。即在重视生产的同时也重视员工，试图协调二者的关系。但结果会造成对生产、员工的关心都不够。

（5）9.9型：此类的经理会综合对生产和员工的关心，是管理能力坐标方格中的理想类型。可以很好地协调组织和员工二者的关系。

参考文献

《期待的管理者形象》，布莱克、穆顿合著，上野一郎译，产能大出版部。

E-17　成员能力分析

定义　主要分析项目小组或小团体中成员的思考力和行动力。也可用于分析车间职工的参与能力。

用途　1. 扩大项目小组成果　2. 激发小团体活力　3. 增加车间组织的灵活性　4. 提高小组实力　5. 促进个人成长

解说

一个小组（组织）的实力只有在领导者和小组全体成员相互配合相互协调的情况下才能得到发挥。小组中的个人无论多有能力，若没有小组其他成员的配合，该小组的实力也为零。小组成员的使命就是在对小组做贡献的同时也促进自身的成长。

1. 评价方法

（1）2 阶段法（○）：用○进行评价。

（2）5 阶段法（5 分法）：5 分为非常好，1 分为非常不好。

2. 设定评价项目（参照下图）

不能凭领导者个人的主观意志决定评价项目，应该由全公司、工厂统一设定项目。

3. 评价的持续性

评价不是一次性的，而是融入到企业整体体系中持续实施，并确认员工成长。

评价项目示例

评价项目	内　容
（1）是否理解小组主题	是否理解工厂方针、车间方针，是否理解主题定位
（2）是否理解自身的职责	是否理解自身在小组中的位置，是否发挥自身的优势
（3）是否尊重成员的自主性	是否尊重其他成员的意见

(续表)

评价项目	内　容
(4) 是否进行了充分的协商	是否会将自己的想法强加于人
(5) 是否互相讨论工作	是否互相切磋讨论信息，是否共有
(6) 是否熟练使用各种方法	是否熟练使用 IT、IE、QC、VE 等各种方法
(7) 是否在深思熟虑后再付诸实行	是否仅凭一时的想法工作
(8) 是否说真话	是否有说真话的环境
(9) 是否关注自身的成长	是否有抓住成长机会的欲求，是否经常从事高于自身职责的工作，是否取得国家、公司的各种资格证书
(10) 是否玩忽职守	是否克服了敷衍、讨厌工作的倾向和代沟
(11) 是否以事实和数据说话	是否不用推测和假定进行讨论
(12) 是否和领导意识一致	是否和领导方向一致
(13) 是否理解领导的资质和能力	是否理解领导的指示
(14) 是否保持高效的工作效率	是否及时答复
(15) 是否时刻冲在最前线行动	是否将复杂的工作留给别人

E-18　领导力分析

定义　主要分析项目小组或小团体中领导者的思考

力和行动力。 也可用于分析车间管理监督人员的领导能力。

用途 1. 扩大项目小组成果 2. 激发小团体活力 3. 增加车间组织的灵活性 4. 提高小组实力

解说

一个小组（组织）的实力只有在领导者和小组全体成员相互配合相互协调的情况下才能得到发挥，特别是领导所起的作用和担负的责任非常大。

东乡元帅有句名言“做了就让人去看，说了就让人去听。 只有受到表扬，才有动力去做。”作为领导者，必须经常进行下述的领导力分析，促进自身的成长。

1. 评价方法

（1）2 阶段法（○）：用○进行评价。

（2）5 阶段法（5 分法）：5 分为非常好，1 分为非常不好。

2. 设定评价项目（参照下页表）

不能凭领导者个人的主观意志决定评价项目，应该由全公司、工厂统一设定项目。

3. 评价的持续性

评价不是一次性的，而是应该融入到企业整体体系中并不断进行评价，确认自身的成长。

评价项目实例

评价项目	内　容
(1) 是否选择了合适的主题	是否选择和工厂方针、车间方针一致的主题
(2) 是否对成员进行了合理的责任划分	是否发挥了小组的综合实力是否发挥成员的优势
(3) 是否尊重成员的自主性	是否尊重其他成员的意见
(4) 是否进行了充分的协商	是否将自身的想法强加于人
(5) 是否互相讨论工作	是否互相切磋讨论，信息是否共有
(6) 是否熟练使用各种方法	是否熟练使用 IT、IE、QC、VE 等各种方法
(7) 是否在深思熟虑后再付诸实行	是否仅凭一时的想法工作
(8) 是否说真话	是否有说真话的环境
(9) 是否关注自身的成长	是否给小组成员成长的机会
(10) 是否玩忽职守	是否克服了敷衍、讨厌工作的倾向和代沟
(11) 是否是以事实和数据说话	是否不用推测和假定进行讨论
(12) 是否起到了带头作用	是否言行一致
(13) 是否奖罚分明	是否实践着 60%严厉、40%和善的管理艺术
(14) 是否保持高速的工作效率	是否及时答复
(15) 是否时刻冲在最前线进行指挥和控制	是否会将复杂的工作留给成员

E-19 小团体活动诊断

定义 从整体上准确把握小团体活动的等级，有效提高活动等级的诊断方法。

用途 1. 增加小团体活动的灵活性 2. 扩大小团体活动的成果 3. 明确小团体活动的目标 4. 指出小团体活动中的问题 5. 提高所有小组的活动等级

解说

1. 诊断的评价项目和等级（参照下页表）

2. 评价的注意点

（1）制定与小团体活动目标相一致的公司或工厂的评价基准，实现评价均衡化。

（2）在进行完成率评价时要加上目标值的难易系数。

（3）对小团体活动进行评价不是为了评选冠军，而是要提高所有小组的水平。

（4）评价不是一次性的，应该是按时间顺序持续的评价小组成长阶段。

（Gr：Group 小组）

划分	细分	评价项目	5	4	3	2	1
拥有正确的思维方式	收集信息	信息收集次数/期（参加发表会等的 Gr 次数）	25 次以上	24~20	19~15	14~10	9 次以下
		对车间的动态理解程度（生产管理、生产率）	全体成员都充分理解	全体成员基本了解	大多数成员基本了解	只有部分成员理解	全体成员都不理解
	明确目标	Gr 主题的适应度（与车间方针和目标的整合度）	与车间目标一致目标值高	与车间目标一致目标值普通	与车间目标一致目标值低	设定部分车间目标	与车间目标不一致
		对 Gr 的理解度	全体成员都充分理解	全体成员基本了解	大多数成员基本了解	只有部分成员理解	全体成员都不理解
保持积极性	营造良好的环境	活动（计划）的日程安排是否明确	非常明确	非常明确	普通	稍微不明确	不明确
		是否努力设计各种活动	很多特色活动	偶尔进行特色活动	普通	多是模仿其他 Gr	经常模仿其他 Gr
	参与意识	Gr 成员分担业务	全体成员单人单岗，支援其他岗位工作	全体成员单人单岗	80% 以上的成员分担	一部分成员分担	只有领导一人努力
提高能力	学习方法	分析、改善方法的灵活度（掌握和运用 IE、Q7、NQ 等方法）	经常运用	偶尔运用	受到指示后运用	不经常运用	从不运用
		对业务知识的理解度（工作的推进方法、专业知识等）	全体成员很好的理解	全体成员基本了解	大多数成员基本了解	只有部分成员理解	全体成员都不理解
	行动力	行动力的实践度（责任感、谈判能力、自主性等）	全体成员很好的实践	全体成员基本实践	大多数成员基本实践	只有部分成员实践	全体成员都不实践
	提高小组实力	参加 Gr 聚会成员的平均参加率	总是 90% 以上	80%~90%	70%~80%	60%~70%	不足 60%
		参加聚会成员的平均发言率	总是 90% 以上	80%~90%	70%~80%	60%~70%	不足 60%

（续表）

划分	细分	评价项目	5	4	3	2	1
扩大成果	灵活改善活动	与改善提案的件数（件/人、期）的最佳 Gr 的比较	最佳提案在20%以内	最佳提案在20%~40%	中等水平	最差在20%~40%	最差在20%以内
		与改善实施的件数（件/人、期）的最佳 Gr 的比较	最佳提案在20%以内	最佳提案在20%~40%	中等水平	最差在20%~40%	最差在20%以内
	解决车间问题	Gr 主题的完成率	110%以上	100%~110%	90%~100%	80%~90%	不足80%
		5S 的等级（对清理、整理、清扫、清洁、素养的绝对评价）	非常好	良好	普通	差	非常差
	对业绩作出贡献	上司的满意度	非常满足	满意	普通	不满意	非常不满意
		R 改善效果金额的完成率	150%以上	110%~150%	90%~110%	80%~90%	不足80%

F　思维、创造力分析方法

F-01　缺点、希望点列举法

定义　①缺点列举法：在研究某项改善工作时，首先要清晰地列举出“哪些地方有缺点、难点、不恰当的地方”，并将其整理分类，再制定出解决对策的方法。

②希望点列举法：首先列举出愿望和理想，使用和缺点列举法相反的方法制定出解决问题的对策方法。

用途　1. 开发新产品　2. 改良产品　3. 抽样车间改善方案

解说

1. 缺点列举法示例：洋伞的缺点

（1）伞柄前端危险

（2）容易遗落

（3）伞布容易坏

（4）伞容易被风吹翻

（5）伞会成为负担

（6）不能折叠

（7）乘车时会打湿别人

（8）雨滴会顺着伞柄滴下来

（9）不能同时遮两个人

（10）伞骨生锈

（11）伞柄土气

（12）生产工序复杂

（13）成本高

（14）伞芯弯曲

（15）伞布摇摇晃晃

（16）下大雨时很费事

（17）占地方

（18）外出，天放晴后不方便收拾

（19）不方便收起、撑开

（20）不容易干

（21）重

（22）遮不到脚

（23）不能当太阳伞

（24）固定伞形用的 C 形环不能向下移动

（25） 伞骨前端危险

（26） 外出时不方便放置

（27） 抓不住伞柄

（28） 伞会遮住前方

（29） 撑伞时容易夹住手

（30） 土气

2. 希望点列举示例：假如有这样一件衣服

（1） 没有扣子（2）不重（3）敞开后可以变成一件包袱（4）里外都能穿（5）穿上能改善人的仪态（6）可水洗（7）可随意变换颜色（8）冬暖夏凉（9）与肌肤贴合（10）可以穿很多次

3. 列举法的合用

缺点列举法同希望点列举法既可单独使用，也可以合用。 合用时可以发现更多问题，扩大改善效果。

F-02 检查表法

定义 以现有的经验为基础，围绕某项课题制作检查表，将所有应该考虑到的项目分条列举，无一遗漏地制定出高效的解决方法。

用途 1. 制作改善方案 2. 解决问题 3. 对小团体活动提出建议

解说

1. 检查表法的优点、缺点

（1）优点①在遇到复杂问题时可以避免出现遗漏的现象。

②可以将已有的经验进行整理，进一步充实内容。

（2）缺点①若过于依赖检查表，则有可能遗漏大问题。

②有时会检查不必要的项目，浪费时间。

③会忽略自身的思考能力

2. 检查表法的具体示例

（1）奥斯本的检查表

由 A. F.奥斯本设计的检查表是最典型的检查表。

加大	缩小	反向	减轻
增高	收集至一起制作	省去人工步骤	改变形状
更换容器	改变配置	重复	改变颜色
变成立体式	改变方法	使用其他工具	缩短
加长	增多	组合	折叠
分割	分解	伸缩自如	

（2）其他检查表

①以动作经济为基本原则的检查表

②动作经济原则检查表

③动作经济原则中使用工具检查表

④动作改善检查表

⑤以微动作分析为依据的动作改善检查表

⑥制定解决方案的检查表

⑦立案原则检查表

⑧5W1H 检查表

⑨作业改善检查表

⑩设计改善检查表

⑪作业改善系统图检查表

若在一般的检查表中加入本公司自身的经验，并进行系统归纳，效果更佳。同时必须定期改正缺点并对检查表进行补充。

F-03　特尔斐法（Delphi Method）

定义　在有关技术预测及其余需要汇总多方专家意见的情况下，针对同一内容在多人中进行问卷调查，并总结各人意见的方法。该种方法属于预测方法中的直观预测法。

用途　1. 预测未来各种技术革新时间　2. 预测人类月球旅行的时间　3. 预测社会、环境的变化　4. 预测医学进步

解说

1. 特尔斐法的展开方法

（1）设定问题、选择回答者

设定课题

设定对象领域

选择回答者（该问题的权威人士）

（2）第一轮问卷调查

设置问题

发放问卷、收回匿名调查表

（3）总结第一轮问卷调查的结果

总结回答结果

例如：在预测某项技术的成功年份时，依照年代顺序将答案合成四个部分。四分法是指将全部回答分为上面四分之一的部分、中间值以及下面四分之一部分。

（4）第二轮以后的问卷调查

每一次都将上一回的回答通过四分法记录下来，并能给各回答者。如果回答与中间值相差太远，就请记录下原因。

以此类推进行多轮问卷调查收集各种意见。对回答意见大幅偏离中间值的回答者，请对方填入理由，以此找出导致不同意见的原因。避免出现附和雷同、受多数人干扰的情况。

2. 特尔斐法在企业中的运用

在集体讨论中，由于参与者受心理制约，容易流于随声附和，难以修改固有意见，存在时间限制等缺点，所以企业中，正如委员会、讨论会等方式一样，特尔斐法常在得出代表小组整体的意见时使用。

但是，集体成员必须对所讨论的话题具有丰富的专业知识。

3. 特尔斐法的缺点

（1）由于该种方法需要对回答者进行多次问卷调查，因此回答者会因过程过于繁杂产生抵触情绪。

（2）回答者会因为没有预备知识，难以回答专业知识以外的问题。

F-04　工作设计法（Work Design）

定义　首先，将系统（或问题）作为功能中心来把握，其次，设计一个充分发挥该功能的“理想系统”（或最优解决方案），最后，设计出最接近于理想系统具备实现可能性的“推荐系统”（或次优解决方案）。

用途　1. 建设新工厂　2. 开发新产品　3. 企业革新　4. 生产方式革新　5. 管理方式革新

解说

工作设计的步骤

1. 确定功能

（1）确定研究系统（选择系统）

（2）详细规定系统功能（确定功能）

（3）除功能以外，对其余的系统特性设置最低限制条件

（4）确定功能性组成部分（仅限庞大、复杂的系统）

（5）选择作为研究对象的组成部分（一个或一个以上），再返回至步骤（2）（仅限庞大、复杂的系统）

将系统分成 7 个特性，基于只要具备了各特性就一定能有解决方案的思路，将 7 个特性间的关系用漏斗的图形清楚直观地展现出来。

①功能（姓名、目的、存在理由）

②输入（需要投入系统中的原材料、信息等）

③输出（作为系统活动结果的具体产物）

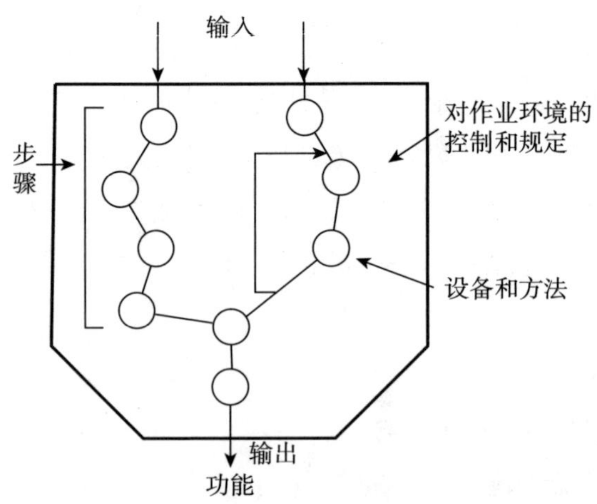

④步骤（工作步骤和流程路径）

⑤物质环境（色彩、温度、照明、尘埃），精神环境（士气、态度、企业历史）

⑥设备（步骤内各工序的设备、工具以及布局等）

⑦方法（人工作业）

2. 理想系统的展开

（1）去除功能

（2）实现最小、最低成本的输入和输出

（3）以无人化为导向

3. 收集信息

4. 制定替代方案

制定多个替代方案，详细记录方案内容。选择具备实施可能性的方案。评价和选择方案时要基于以下要素：

（1）经济要素（2）事故要素（3）控制要素（4）心理要素

5. 详细设计系统

经常在头脑中设计理想系统。

6. 再次研究系统的设计方案

7. 测试系统

（1）设备是否如期运转（2）输入是否 OK（3）人员是否如期工作（4）系统是否运转

8. 实施系统

（1）更换系统、设置设备（2）培训作业员（3）追踪

9. 设定评价基准

(1) 是否实现了目标（2）预测效果（3）制作改良计划

（资料来源：《系统方法活动手册》，竹村伸一编著，日本理工出版会出版，1989，P167～175）

短评栏

预测

经常听到有人说“预测根本靠不住”，但是恐怕没有不担心未来的人。更何况在商业活动中预测活动甚至可以左右企业的命运只要不存在特别大的出入，掌握预测中的基本算术方法至少不会带来损失。

预测过程中数字是必不可少的。预测的算术方法就是统计处理这些数字的方法。作为基本的预测方法，下列方法一直被沿用至今。

①移动平均法

②最小平方法

③指数平滑法

④月平均法

这些被称作“外插法”（推理法）的预测处理方法经常运用于销售预测中。以下就围绕这4种方法进行简单的说明。

移动平均法

每隔三年或五年依次计算平均值的方法。通过观察移动平均值的移动情况预测未来的发展趋势。

最小平方法

求出能够使销售实际业绩值和推测值之差的平方之和为最小的公式（回归式），再利用该公式求出预测值的方法。

适用式为 1 次式（$Y=aX+b$）时，通过最小平方法求出 a 与 b 的值。 $Y=aX+b$ 在坐标上为直线，但有时会出现为曲线的情况。 由于最小平均法在品质管理的回归分析中经常出现，想必已为大家所熟知。

指数平滑法

在预测过程中非常接近于最新情况，同实际业绩一样具有参考价值。 指数平滑法是指利用权数乘法的方法。 该方法不易用文字说明，以下用公式进行说明。

t 期的销售预测值 St、实际业绩值 Xt、权数用 α（$\alpha<1$）表示，则

$St=S_{t-1}+\alpha（Xt-S_{t-1}）$。

追根溯源的话则 $St=\alpha Xt+\alpha(1-\alpha)X_{t-1}+\alpha(1-\alpha)^2X_{t-2}+(1-\alpha)^tS0$

若忽略最后一项，S_t 即为同最新的实际业绩一样具有很大参考价值的平均值。 α 值越接近 1，则说明该预测值越接近于实际成绩。

月平均法

由于季节因素产生的影响对一年的实际业绩数据会

起到何种作用，以此作为季节指数并进行预测的方法。下面以销售额为例。

计算步骤：①计算过去数年间每月的平均值（A）；②计算出（A）的 12 个月的合计（B）；③（A）/（B）即为季节指数。每个月的季节指数与该年的销售额相乘即为每月预测值。但是，此种方法并不适用于预测销售趋势是要上升还是要下降。

F-05　头脑风暴法（Brain Storming）

定义　在集体会议中，大家针对某一问题畅所欲言，激发创新设想的方法。

用途　1. 开发新产品　2. 制定减少不良的对策　3. 降低成本　4. 在团体活动中提出建议

解说

1. 头脑风暴法的基本规则

（1）禁止批评：不得批评、反对他人的意见

（2）自由发散：发散思维，畅所欲言

（3）欢迎多人参加：建议的数量越多越好

（4）结合、改善：与他人的建议相结合、进行改善。所以，可以在他人意见的基础上尽情发表自己的主张

2. 运用头脑风暴法解决问题

（1）头脑风暴法不适用于“选择哪个比较好”这种判断性的问题，而是适用于类似于“怎样做才好”的问题。

（2）该方法并不是要解决一般、抽象性的问题而是具体的问题。

（3）不适用于有很多因素构成的复杂问题。

3. 实施头脑风暴法的成员

（1）一般为 5~7 名

（2）小组的构成

- 小组领导（1 名）
- 记录意见的记录版（0 到 2 名）
- 提出设想的“Storm－man”（风暴人员）（人数不限）

4. 实施头脑风暴法前的准备工作

（1）必备工具：白纸数张、胶带、磁带、油性万能笔（多色）、图钉等

（2）会场的准备：以领导为中心将桌子排列成 U 字形，创造一个舒适安静的环境（没有电话）

5. 头脑风暴法的推进方法

（1）领导：鼓励大家踊跃发言。遵守上述的 4 个规则，巧妙引导未发言的人表达自己的想法。营造一种自由、愉快的氛围。偶尔领导也可以抛砖引玉。

（2）记录版：用油性笔记录建议。在每项建议前标上 NO.，以要点的形式记录发言内容。头脑风暴结束后和领导一起进行归纳总结。

（3）“Storm-man”：专注于想办法，要多想几个好办法。可以从他人的设想中受到启发再提出新的设想。不要反对其他人的建议，要相信万事皆有可能。想到新的设想后立刻就说，不要犹豫。享受发言的过程。

6. 实施头脑风暴法时的注意点

（1）勿将2个以上的问题混杂在一起。

（2）事先对过大的问题进行细分后再进行“头脑风暴”。

（3）事先通知参与成员问题的内容，让成员事先做好准备。

（4）和其他提出设想的方法合用效果更佳。

（资料来源：《系统方法手册》，竹村伸一编著，日本理工出版社出版，1989，P160~163）

F-06　KJ法

定义　在一页纸上记录一个项目，将收集到的多种数据记录在纸上，并归纳综合，通过图形化彼此间的关系建立清晰印象的方法。该方法由川喜多二郎开发。多人情况下该方法会和头脑风暴法合用，但也有单人使用的情况。

用途　1. 找出本公司的问题所在　2. 制定改善方案或改革方案　3. 找出产品不良的原因　4. 制定激发小团体活动活力的方案

解说

KJ 法的步骤

步骤	内容	说明
1. 设定课题	课题可为开发新产品或消除慢性不良等，课题越大效果越明显。参与人员包括不同业务、性别、年龄的人以便制定出更多的方案。	准备物品： • 白纸、卡片（背面可粘贴） • 架子、橡皮圈、浆糊 • 签字笔——不同大小、颜色 • 记录用纸、笔记用具
2. 提出设想	• 和头脑风暴法的方法相同 • 利用五分钟时间记录，五分钟讨论反复几次，提出多个观点 • 若多人的提案内容相同，则由其中的一人提出即可 • 一张卡片上只记录一项内容 • 一句话只有一个意思，不要产生歧义	• 选择不能通电话的地方。最好是集训的形式 • 不要有时间上的限制，可根据讨论内容将时间划分成几段 • 该阶段中参与人员各自将自己的设想记录到白纸上
3. 制作卡片	• 将讨论通过的自己的提案项目记录到卡片上 • 将记录好的卡片像扑克一样散放在桌上	• 记录提案的同时也标上记录者姓名的首字母，以便事后讨论
4. 建立岛	• 将内容相近的卡片归在一起，堆积成岛（山） • 与其他卡片没有关联的卡片则自成一组（一匹狼） • 归纳完毕后，在每个山上挂上代表该山的牌子。牌子内容不要有歧义，用日语书写。 • 归纳这些牌子再制作更大的中牌，收集中牌，再制作更大的大牌。	• 不要以语言的类似度为标准进行归纳，而是以卡片的具体内容为标准进行归纳 • 讨论到全体成员通过为止。不要强制通过或者少数服从多数 • 不要在意时间 • 变换牌子的颜色以便于观看 • 一直建立到不能再制作更大的岛为止
5. 图示	• 编排卡片，以岛为单位进行粘贴，在连接各岛的线上贴上牌子 • 用符号表示各个岛之间的关系	• 表示各岛之间关系的符号 → 因果关系 >—< 相互关系 ⇄ 反对矛盾 — 有关系

（续表）

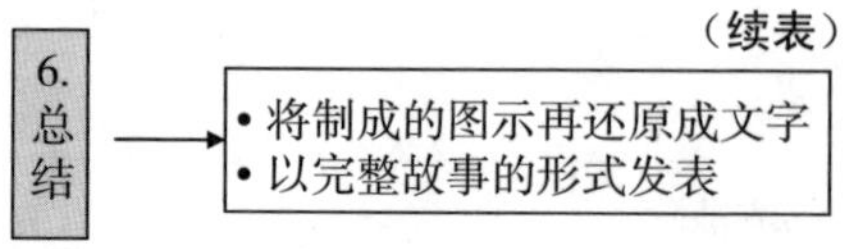

图解系统

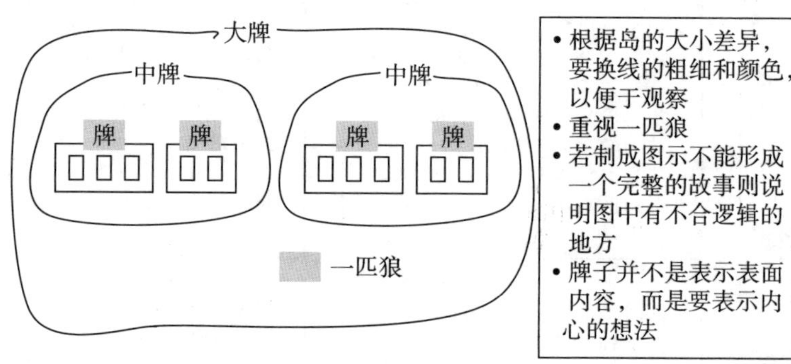

F-07 NM—H 法

定义 通过类比提出设想方法的一种。是由中山正和提出的 NM 法的改良。利用关键字和图形作为新式研究硬件问题的方法而诞生。

用途 1. 开发新产品 2. 开发和改善硬件机器 3. 培养、开发创造性

解说

1. NM—H 法的特点

（1）按照（KW）→（QA）→（QB）→（QC）的步骤，不用文字而是用绘图表示数据，将用图画表示的数据以模型的形式粘贴到白纸上。

（2）“按图展开”推进（QC）之前的步骤，并收集尽可能多的信息。为了收集到更多的线索，不必一定遵循（KW）→（QA）→（QB）→（QC）的步骤。

（3）在（QC）这一步骤后进入（ABD）步骤。

ABD 是 ABDUCTION 的简称，是提出设想的步骤。将收集到的意见进行组合，在 ABD 这一步骤中归纳出有效的意见。

2. NM—H 法的示例（参照下页图）

F-08　5W1H 法

定义　这种方法是指，在 VE 活动的现状分析过程中，为了准确把握现状，避免改善方案的遗漏，总结所有检查项目。该方法不仅适用于 VE 活动中，还适用于所有以改善为目的的活动中。

用途　1. 分析现状　2. 制作改善方案　3. 指出问题

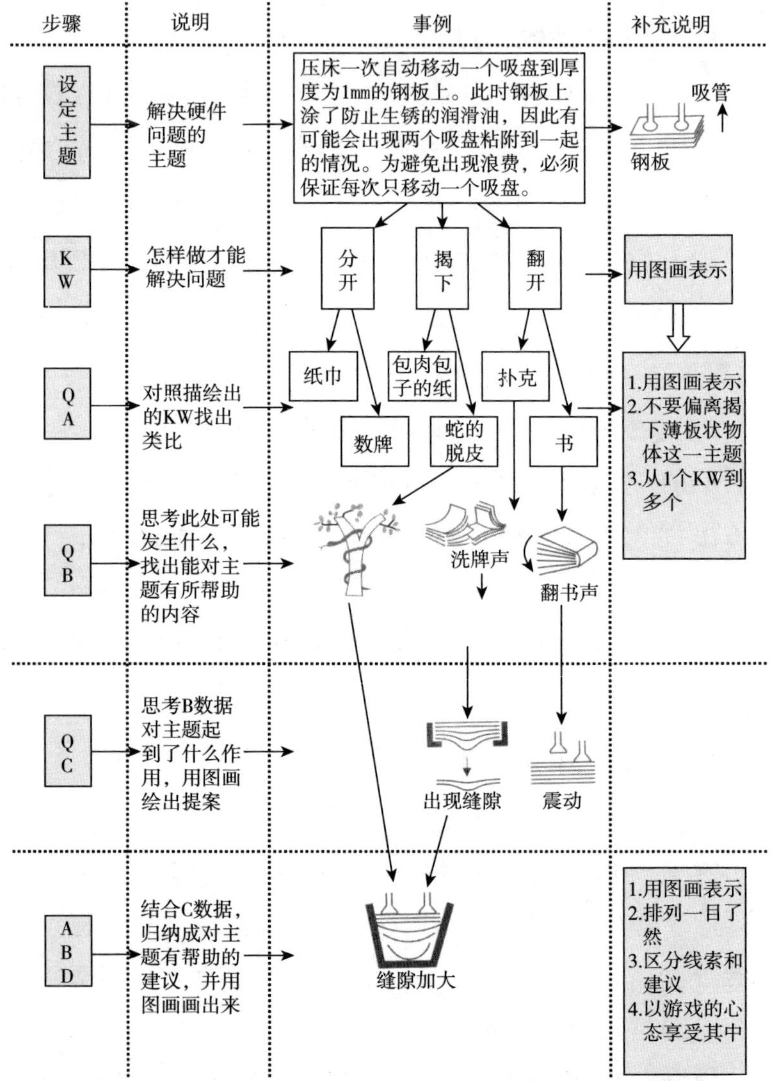

（资料来源：《NM 法的全部》，中山正和著，产能大出版社出版，1977，P234）

解说

1. 5W1H

目标	项目	疑问词	项　目
追究目的的提问	Why 为什么什么目的	在做什么 为什么那样做 还有其他要做的吗 应该怎样做	追究的不是现在的工作怎样才能顺利进行，而是为什么要做这项工作，能否省略部分作业，从全方位的角度进行考虑。
寻求其他方法的提问	What 做什么	在做什么 为什么要那样做 还有其他要做的吗 应该怎样做	与目的相对应，该方法是否为最优方法？是否有更好的方法？切记目的只有一个但方法可以有多个。
分析选择现有方法时的条件的提问	Where 在哪	在哪做 为什么要在那做 可以在其他的地方做吗 应该在哪做	对场所问题进行提问，如能否在同一个场所进行作业，能否缩短搬运距离，能否改善布局，该场所是否适合作业等。
	When 何时	何时做 为什么那个时候做 可以在其他的时间做吗 应该何时做	对优先顺序问题进行提问，如在时间轴以外能否改变工序顺序，能否将工序相结合等。
	Who 谁	谁在做 为什么由那个人做 其他人可以做吗 应该由谁做	对作业人员问题进行提问，如经验尚浅的人能否胜任该工作，是否与性别无关，一个人能否进行归纳总结，老年人能否胜任等。
	How 怎样	怎样做 为什么要那样做 有其他的方法吗 应该怎样做	对方法问题进行提问，如辅助工具、夹具、除错设计、机械化等能否让作业更加轻松。

2. 5W2H

在 5W1H 后追加 How much 这一项

目标	项目	疑问词	项　目
追究成本的提问	How much 多少钱	花了多少钱 为什么花了这些 应该花多少 可以再少花点吗	不论何种改善都是以成本论成败的。因此比现状能便宜多少就成为了关键。是对成本问题进行的提问。

参考文献

《经营事典》，饭野启二、盐入肇著，日本实业出版社

《经营工程学入门》，甲斐章人著，泉文堂

《管理工程学入门》，师冈孝次著，理工学社

《生产管理事典》，菅又忠美、田中一成编著，日本实业出版社

《QC、TQC 事典》，松田龟松著，日本实业出版社

《系统方法手册》，竹村伸一编著，日本理工出版会

《物流事典》，中田信哉著，日本实业出版社

《流通事典》，流通经济研究所编著，日本实业出版社

《现场小团体活动手册》，出口仍康、田中直子著，产能大出版部

日经机械增刊《机械设计技术》，日立制造性评价法（装配性评价法，加工性评价法）， 日经 BP 社

《功能分析》，秋山兼夫著，日本规格协会

《SLP 工厂布局技术》，理查德、缪瑟著，十时晶译，日本能率协会

《搬运系统设计》，R. 缪瑟、K. 汉戈勒斯著，中井重行著，日本能率协会

《暂停改善方法》，末广喜久雄著，日本能率协会经营中心

《新 TPM 展开计划、加工装配篇》，日本工厂维护协会编、发行

《不二越的 TPM》，不二越编，日本工厂维护协会

《干部的创造力开发方法》，高桥浩著，日本能率协会经营中心

《管理者、员工的新 QC 七大方法》，水野滋主编，Q 方法开发部会编，日科技联出版社

《经济性工程学的基础》，千住镇雄、伏见多美雄著，日本能率协会经营中心

《NM 法的全部》，中山正和著，产能大出版部

《创造力的开发》，恩田彰、野村健二著，讲谈社科学启蒙类

《行动科学》，美国产业会议编，犬田充译，日本能率协会

《企业内部沟通管理》，小林末男著，东洋经济新报社

（本书中的参考文献和引用文献有重复）

东方出版社助力中国制造业升级

定价：28.00 元

定价：32.00 元

定价：32.00 元

定价：32.00 元

定价：32.00 元

定价：32.00 元

定价：30.00 元

定价：30.00 元

定价：32.00 元

定价：28.00 元

定价：28. 00 元

定价：36. 00 元

定价：30. 00 元

定价：32. 00 元

定价：32. 00 元

定价：32. 00 元

定价：38. 00 元

定价：26. 00 元

定价：36. 00 元

定价：22. 00 元

“精益制造”专家委员会

东方出版社
广州标杆精益企业管理有限公司

人民东方出版传媒
People's Oriental Publishing & Media
東方出版社
The Oriental Press